일본어를 군것질로?

이 책은 일본 편의점이나 마트의 군것질거리
163개로 일본어를 습득하는 책입니다.

귀에 쏙쏙 군것질, 맛있는 일본어!

일본어를
군것질로

김수민 지음

Raspberry 라즈베리

머리말 ○∙∙∙

세상에는 참으로 다양한 책이 존재합니다. 지금 여러분이 손에 들고 있는 이 책은 '일본의 군것질거리에 인쇄된 표현들로 일본어를 공부하는 책'입니다. 맞아요. 다시 말하지만, 세상에는 참으로 다양한 책이 존재하잖아요? 지금 여러분은 지금껏 없던 새로운 일본어 학습서를 손에 들고 있는 것입니다.

이 책의 기원은 저의 초등학교 시절로 거슬러 올라갑니다. 히라가나만 겨우 읽을 줄 아는 상태로 일본에서 살게 된 저에게, 동네 편의점과 슈퍼마켓은 일종의 거대한 교과서였습니다. 동전 몇 개 쥔 채로 오늘은 어떤 과자를 먹을지 한참을 고민하고, 내가 먹은 과자에 어떤 일본어가 쓰여 있는지 집으로 돌아가 일한사전을 뒤지고는 했습니다. 참으로 짠한 이야기입니다만, 그러한 경험이 쌓이고 쌓여서 오늘날 제가 이 책을 쓰게 된 것일지도 모르겠네요.

이 책은 기존 출간된 『일본어를 군것질로 배웠습니다만?』의 개정증보판입니다. 우리가 일본의 편의점 혹은 마트에서 만나볼 수 있는 163가지 군것질거리 일러스트, 그리고 그 제품에 적혀있는 생생한 일본어 표현과 그 해석을 담았습니다. 여기에 현지 일본인께서 그 표현들을 활용한 예문도 추가해주셨고요.

그리고 개정증보판 작업으로, '술과 마른안주'를 다룬 새로운 챕터를 추가집필하였습니다. 챕터가 추가되면서 자연히 주인공의 소소한 뒷이야기도 그렸고요. 그밖에도 비대면 시대에 어울리는 보너스 콘텐츠, 일본어를 더 깊이 공부하실 분을 위한 일본어판 카툰 등 다양하고 세세한 내용을 추가하였습니다.

이렇게 저자의 열정과 욕심이 듬뿍 담긴 책입니다만, 이 책은 사실 '한 권으로 끝내는~' 류의 궁극적인 일본어 학습서는 아닙니다. (이미 눈치채셨죠?) 하지만 여러분이 만약 일본어에 관심이 있고 가까운 미래에 뜻깊은 일본여행을 바라고 있다면, 세상 어느 일본어책과도 대체할 수 없는 유일한 책이 될 것입니다.

이 책을 펼치신 여러분의 신나는 군것질을 응원합니다. 아, 물론 일본어도요!!

2024년 5월
김수민

프롤로그
군것질 아이우에오

あ(ア)	い(イ)	う(ウ)	え(エ)	お(オ)
アイスクリーム 아이스크림	いちごミルク 딸기우유	ウーロンちゃ 우롱차	エクレア 에클레어	おにぎり 삼각김밥
か(カ)	き(キ)	く(ク)	け(ケ)	こ(コ)
カップめん 컵라면	ぎゅうにゅう 우유	クレープ 크레페	ケーキ 케이크	コーヒー 커피
さ(サ)	し(シ)	す(ス)	せ(セ)	そ(ソ)
サンドイッチ 샌드위치	ジュース 쥬스	すし 초밥	ゼリー 젤리	そば 소바
た(タ)	ち(チ)	つ(ツ)	て(テ)	と(ト)
たまご 계란	チョコレート 초콜릿	ツナマヨ 참치마요	てんぷら 튀김	ドリンクざい 영양드링크
な(ナ)	に(ニ)	ぬ(ヌ)	ね(ネ)	の(ノ)
なっとう 낫또	にくまん 고기만두	ヌードル 국수	ネギトロどん 네기토로동	のどあめ 목캔디

한 개씩 먹으면서 외워야지!!

は(ハ)	ひ(ヒ)	ふ(フ)	へ(ヘ)	ほ(ホ)
パン 빵	ピーナッツ 땅콩	プリン 푸딩	ベビースターラーメン 베이비스타라멘	ポテトチップス 감자칩
ま(マ)	み(ミ)	む(ム)	め(メ)	も(モ)
マヨネーズ 마요네즈	みず 물	むらさきいも 자색고구마	めんたい 명란	もち 떡
や(ヤ)		ゆ(ユ)		よ(ヨ)
やきそば 야키소바		ゆず 유자		ヨーグルト 요구르트
ら(ラ)	り(リ)	る(ル)	れ(レ)	ろ(ロ)
ライス 쌀밥	りょくちゃ 녹차	ルイボスティー 루이보스티	レモンティー 레몬티	ロールケーキ 롤케이크
わ(ワ)		を(ヲ)		ん(ン)
わさび 와사비		なにをたべようかな… 뭘 먹을까?		うん!!ぜんぶ!! 응! 전부다!!

● 목차 ●

머리말 _ 6p
군것질 아이우에오 _ 8p

군것질 01
감자칩과 스낵과자들

군것질 02
초콜릿과 달달한 과자들

군것질 03
차음료와 커피음료들

군것질 04
생수와 과일음료, 야채음료들

군것질 05
아이스와 디저트들

군것질 06
컵라면과 끼니용 음식들

군것질 07
술과 마른안주들

군것질 01
감자칩과 스낵과자들

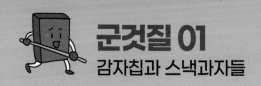

군것질 01
감자칩과 스낵과자들

정신을 차려보니 일본에 와 있었습니다.

여기가 일본…

다니던 회사에서 잘리고, 현실에서 도망치듯 여기까지 오고 말았지요.

그래, 오히려 기회일 수도 있어. 여기서 편히 쉬면서 재충전도 하고…

잠깐만, 근데 나…

나 일본어 못 하잖아!!

(히, 히라가는 읽을 줄 안다구!)

이럴 수가…
급하게 나온다고
가이드북 하나
안 챙겨왔는데…

이럴 줄 알았으면
제2외국어를
일본어로 할 걸…

일단… 편의점에 가서 뭐
먹을 것 좀 골라봐야겠어…

コンビニ

春の××フェア

はぁ? 字も読めねえ奴が
俺らを買うって?

(뭣이라? 글자도 못 읽는 놈이
우릴 사겠다고라?)

テメー、
いい度胸
してんな!!

(너 정말 간땡이가
부었구나!!)

じゃが

ロコロ

128円

98円

스… 스미마셍!!

?

과자들이 나에게
말을 거는 것 같았어!

스낵과자 1 포테이토칩 행복버터

군것질의 시작은 역시 감자칩부터! 일본판 허니버터칩!

★ポテトチップス
포테이토칩
일상생활에서는 줄여서
포테치라고 하기도 합니다.

★しあわせバター
행복버터

★ほんのりあまじょっぱい 살짝 달콤짭조름하다

あまじょっぱい는 '달다'라는 뜻인 あまい와 '짜다'라는 뜻인 しょっぱい가 합쳐진 표현입니다.
그냥 합쳐진 게 아니고 뒷단어 しょっぱい 첫 글자에 탁음이 들어갔으니 주의!!

단어
- 幸(しあわ)せ 행복
- ほんのり 희미하게, 살짝
- しょっぱい 짜다
- バター 버터
- 甘(あま)い 달다

스낵과자 2 와사비프

와사비와 비프의 맛이 섞이면 어떤 맛이 날까?

★わさビーフ
와사비프

와사비(わさび)와
소고기(ビーフ)맛의 과자.
소고기맛과 알싸한
와사비 맛이 일품.

★わさびが効いた濃厚ビーフ味 와사비가 느껴지는 농후한 소고기맛

効く는 '(약이) 듣다, 효과가 있다'라는 뜻. 와사비 특유의 코끝이 찡해지는 효과가 있다는 걸 내세운
표현입니다. 우연하게도 '(소리를) 듣다'라는 뜻인 聞く랑 발음이 같네요.

단어
- わさび 와사비, 고추냉이
- 濃厚(のうこう) 농후함, 진함
- 味(あじ) 맛
- ビーフ 비프, 소고기
- 効(き)く (약이) 듣다, 효과가 있다

더 맵게 핫칠리맛! 포장부터가 아주 매~운 감자칩일 것 같은 느낌이...

★ カラムーチョ
카라무초

からい(맵다)와 mucho
를 합쳐 만든 제품명이랍
니다.

★ ホットチリ味
핫칠리맛

★ ポテトが辛くてなぜおいしい!! 감자가 매우면서 왜 맛있지?

지금의 사고방식으로는 이해하기 힘든 문장입니다. 감자가 매우면서 맛있는 게 이상한 건가?
하지만 저 과자가 처음 출시되었던 1984년 당시엔 매운 계열 과자가 생소했다고 하더군요.
그 당시의 캐치프레이즈를 계속 쓰고 있는 셈입니다.

단어

● 辛(から)い 맵다
● ムーチョ (스페인어) 크게, 많이, 대단히 *영어로는 much
● なぜ 왜   ● おいしい 맛있다
● ホットチリ 핫칠리   ● 味(あじ) 맛

연한 소금맛의 딱딱한 튀김 감자칩! 첫... 첫 글자부터 한자야!!

★堅あげポテト
카타아게포테토

단단하게(堅い) 튀겨낸(揚げる) 포테이트(ポテト)라는 뜻으로 만든 제품명. 제품명만 보고도 과자의 식감과 제조방식을 알 수 있지요.

★噛むほどうまい！
씹을수록 맛있다!

동사나 형용사 뒤에 ほど가 붙으면, '~할수록, ~일수록'이라는 뜻이 됩니다.
うまい는 여기서는 おいしい와 같이 '맛있다'라는 뜻.

★うすしお味 연한 소금맛

'연한 소금맛? 소금이 연하면 나트륨 함량이 적겠지? 나트륨 함량이 적으면 왠지 건강에도 좋겠지?'라는 판단을 이끌어내기 위한 표현입니다. 참고로 일본의 식품규격상 '연한 소금(うすしお)'이라는 표현은 제품 100g당 나트륨함량 120mg 이하라고 정해져 있는데, 이를 피하기 위해 '연한 소금맛(うすしお味)'이라는 표현을 쓴 것이지요. 게맛살에 게가 거의 안 들어간 것과 비슷한 이치입니다.

단어
- 堅(かた)い 단단하다
- 噛(か)む 씹다
- うまい 맛있다
- 塩(しお) 소금
- 揚(あ)げる 튀기다
- ～ほど ~할수록
- うすい 연하다

농부 카루아저씨로 유명한 카루 감자칩!

★だしの旨みアップ!
해물육수재료의 맛이 UP!

だし는 일반적으로 '다시마, 멸치 등을 끓여 우린 국물'을 말하는데, 여기서는 제품 하단의 그림으로 보아 가다랑어, 다시마, 버섯 등을 끓여 우린 일본식 해물육수(和風だし)인 것으로 추측됩니다.

★カール(curl)
카루

★風味豊かな和
風だし 풍미가 풍부한 일본식 해물육수

★うすあじ
연한 맛, 순한 맛

★カールおじさん 카루아저씨
카루 CF에 등장하는 카루아저씨. 정감 있는 농부아저씨 캐릭터로 많은 사랑을 받았습니다.

단어
- 旨(うま)み 맛, 맛의 정도
- 豊(ゆた)か 풍부함
- 風味(ふうみ) 풍미
- 和風(わふう) 일본식, 일본풍

일본판 새우깡! 손이 가요, 손이 가!

★やめられない、
とまらない！
그만둘 수 없어,
멈추지 않아!

멈추지 않고 계속 먹게
될 정도로 이 과자가
맛있다는 뜻입니다.

★かっぱえびせん
캇파에비센

★_{てんねん}天然えび、まる
ごと・殻_{から}ごと
천연새우, 통째로・
껍질째로

★えび2倍_{にばいじこ}仕込み
새우가 두 배 들어감

仕込み는 '들여 놓음,
속에 장치함'이라는 뜻인
데, 여기서는 쉽게 말해
새우가 많이 들어갔다는
뜻입니다.

★サクッとするたび、濃厚_{のうこう}なえびの香_{かお}りがふんわり
'바삭'할 때마다, 농후한 새우의 향이 사뿐히

サクッ, サクサク 등은 바삭한 과자 등을 씹을 때 나는 소리를 뜻하는 의성어. 카루 과자에도
이 표현이 나옵니다. たび는 동사 뒤에 붙어서 '~할 때마다'라는 뜻이 됩니다.

단어	
●止(や)める (행동을) 그만두다	●香(かお)り 향기, 향
●止(と)まる (사물의 움직임, 행위가) 멈추다	●天然(てんねん) 천연
●仕込(しこ)み 들여 놓음, 속에 장치함	●まるごと 통째로
●ふんわり 사뿐히, 폭신폭신한 모양	●殻(から) 껍질

맛의 종류가 엄청나게 많은 스틱형 감자칩 컵과자!

★じゃがりこ 쟈가리코
じゃが는 じゃがいも(감자)의 줄임말.

★たらこ感(かん)UP！
명란젓의 느낌 UP!

★サラダ 샐러드

한국에서 '사라다'라고 하면 사과랑 오이를
싹뚝싹뚝 넣고 마요네즈와 으깬 삶은 달걀이
들어간 옛날식 샐러드를 말합니다만,
여기서는 일반적인 샐러드의 총칭.

★たらこバター 명란젓버터

일반적으로 たらこ는 소금에 절인 명란젓 혹은
가공된 명란젓을 말하며, 明太子는 한국식 매운
양념을 한 명란젓을 말합니다.

단어
● たらこ 명란젓
● バター 버터
● 明太子(めんたいこ) 한국식 명란젓

이름에 じゃが가 붙어 있으면 감자과자!

★チェダー&カマンベール
체다치즈 & 까망베르치즈

★じゃがバター
감자버터

★チーズ 치즈

ほっかいどう　しよう
★北海道バター使用 홋카이도 버터 사용

홋카이도의 넓은 녹지에 방목하여 기른 소에서 얻은 우유로
만든 버터는 일본에서 특히 알아줍니다.

단어
● 北海道(ほっかいどう) 홋카이도
● 使用(しよう) 사용

스낵과자 9 우마이봉 치즈맛·우마이봉 명란젓맛

 맛있는 봉! 중간에 구멍이 뚫린 봉 모양의 과자!

★チーズ味
치즈맛

★うまい棒
맛있는 봉
'맛있다'라는 뜻의 う
まい와 '봉, 막대기'
라는 뜻의 棒를 합쳐
만든 제품명.

★パワーアップ
파워 UP

★めんたい味 명란젓맛

쟈가리코에서도 나왔지만 めんたい는 한국식 매운 양념을 한 명란젓을 말합니다. めんたい는
후쿠오카의 명물인데, 어린 시절 부산에서 보낸 경험이 있는 '사가와하라 도시오'라는 사람이
한국 명란젓의 맛을 기억하여 만들었다고 합니다.

단어

●おいしさ 맛, 맛의 정도 (おいしい의 명사형)
●めんたい＝明太子(めんたいこ) 명란젓

도라에몽을 닮았으나 엄연히 다른 캐릭터랍니다!!

チキンカレー味

ピザ味·

★チキンカレー味
치킨카레맛

★ピザ味
피자맛

★ピリッとおいしい
톡 쏘면서 맛있다

ピリッとらという 표현은 자극
적인 맛, 특히 매운 맛을
강조할 때 쓰이는 표현.

★どうですか?
어때요?

★うまいっすね 맛있군요

うまいですね의 줄임말. うまい라는 표현과 っすね라는 표현 모두 여성보다는
남성이 썼을 때 더 자연스러운 표현입니다.

★우마이봉의 종류

일본에서 판매되는 우마이봉은 책에 소개된 맛 이외에도 데리야키햄버거맛(テリヤキバーガー味),
돈까스소스맛(とんかつソース味), 낫토맛(納豆味), 장어구이맛(蒲焼味), 타코야키맛(タコヤキ味),
콘포타주맛(コーンポタージュ味) 등 약 22종류라고 합니다. 가끔 기간한정 색다른 맛도 나온다고 하고요.

가늘고 길다란 스틱 모양의 달달한 과자!

★つぶつぶシュガーコート
알맹이들의 설탕코팅

둥글고 작은 알맹이들(つぶつぶ)과
설탕코팅(シュガーコート).
설탕 알맹이들이 마치 코팅되듯
과자에 붙어 있다는 뜻입니다.

★ロースト
로스트(roast)
오븐에 구운 것

★甘くて香ばしい 달콤하고 향기롭다

단어
- 粒(つぶ) 둥글고 작은 것, 알맹이
- 甘(あま)い 달다
- 香(こう)ばしい 향기롭다, 알맞게 굽거나 볶아서 냄새가 좋다, 구수하다

토마토와 야채맛이 절묘하게 어우러진 맛!

★ まっ赤^かなトマトと緑^{みどり}の野菜^{やさい} 새빨간 토마토와 초록야채

'빨갛다'는 赤(あか)い지만, '새빨간'이라는 표현을 쓰려면 真(ま)っ赤(か)라고 씁니다.
그밖에 '새까만'은 真っ黒な, '새하얀'은 真っ白라고 하지요. 여기 나오는 真(ま)라는 단어는,
이런 색깔 표현 말고도 真ん中라고 써서 '한가운데', 真後ろ라고 써서 '바로 뒤'라는 뜻으로 쓰이기도
합니다.

단어
- 真(ま)っ赤(か) 새빨감
- 真(ま)っ白(しろ) 새하얌
- 真後(まうし)ろ 바로 뒤
- 真(ま)っ黒(くろ) 새까맘
- 真(ま)ん中(なか) 한가운데

살살 녹는 일본판 인절미 과자!

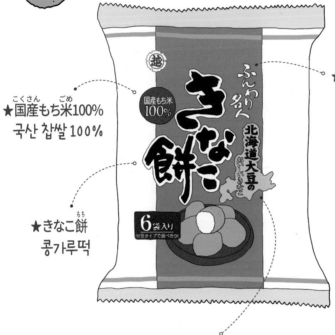

★ふんわり名人
부드러운 명인

일본 과자 회사 에치고
세이카(越後製菓)에서
만드는 부드러운 식감이
특징인 상품명 시리즈.

★国産もち米100%
국산 찹쌀 100%

★きなこ餅
콩가루떡

★北海道大豆のおいしいきなこ
홋카이도 콩의 맛있는 콩가루

단어
- ふんわり 폭신폭신
- もち米(ごめ) 찹쌀
- 餅(もち) 떡
- 国産(こくさん) 국산
- きなこ 콩가루
- 大豆(だいず) 대두, 콩

스낵과자 14 치즈모찌

 치즈가 사르르 녹으면서 입안 가득 치즈 맛이 한가득!

★チーズもち
치즈떡

★国産もち米100%で
新しい美味しさ
국산찹쌀 100%로 새로운 맛

美味しい라고 써서 おいしい라고 읽지요. 일본에는 간혹 이렇게 한자의 음독과 훈독 모두 상관없이 읽는 예외적인 표현이 있습니다. 실생활에서는 잘 안 쓰지만 이렇게 제품 패키지 등에는 자주 쓰이니 읽는 법만이라도 알아두면 좋을 거예요.

★分包タイプで食べきり! 개별 포장 타입으로 남김없이!

동사의 ます형 뒤에 きる가 붙으면 '~을 끝내다, 다~하다'라는 뜻이 됩니다. 여기서 쓰인 食べきる같은 경우에는 '남김없이 다 먹어치우다'가 되겠지요.

단어
● もち米(ごめ) 찹쌀
● 分包(ぶんぽう) 분포, 나눠서 포장함
● 食(た)べきる 남김없이 다 먹다

일본판 야채과자! Happy를 일본어 식으로 쓰면 ハッピー(핫피)!

★ベジたべる
　야채 먹는다

'야채'라는 뜻의 ベジタ
ブル(vegetable), '먹
다'는 뜻의 たべる를
합쳐 만든 제품명.

★緑黄色野菜入り
りょくおうしょくやさいい
　녹황색채소함유

★でたらハッピー!
おっきいハート
ナオ면 해피!
거대한 하트

가끔씩 운이 좋으면 커다란 하
트모양 과자가 나올 때가 있는
데, 이 날은 행운이 깃든 날이라
고 보시면 됩니다. 우리나라 너
구리라면에 다시마 2개가 들어
있을 때랑 같지요. おっきい는
'크다'라는 뜻의 おおきい의 구
어체 표현. おおきい보다 더 강
조된 느낌을 줍니다.

★あっさりサラダ味 깔끔한 샐러드맛
あじ

'아예, 그럴 바에는'이라는 뜻으로 쓰이는 우리말 '아싸리'와 완벽히 동일한 발음의 단어 あっさり.
'깔끔하게, 산뜻하게, 간단하게'라는 뜻인데, 부사이기 때문에 위 문장처럼 형용사로 쓰이는 건 옳지
않지만 간략하게 표현하기 위해 쓴 것으로 보입니다. 실제로는 あっさりしたサラダ味라고 쓰는 게
옳습니다.

〔단어〕
　●緑黄色野菜(りょくおうしょくやさい) 녹황색채소
　●あっさり 깔끔하게, 산뜻하게, 간단하게

유산균이 자그마치 1억 개나 들어 있다는 일본판 크림샌드!

★乳酸菌が一億個!(5枚当たり) 유산균이 1억개! (5개당)

1억!! 1억이라는 숫자가 나왔습니다! 一億(いちおく)라고 읽지요. 살면서 1억 원 만지기도 힘든 삶이지만(나만 그런가?), 표현만이라도 알아둡시다. 종이 같은 납작한 물건을 셀 때 枚(まい)라는 표현을 쓰는데, 이 비스킷도 나름 납작하기 때문에 枚를 썼습니다.

★おいしくてつよくなる
맛있고 강해진다

형용사 뒤에 〜なる가 붙으면 '~하게 된다'라는 뜻이 됩니다.

★クリームサンドビスケット
크림샌드 비스킷

단어
● 乳酸菌(にゅうさんきん) 유산균
● 〜当(あ)たり ~에 대해서, ~당
● 〜個(こ) ~개, 일반적인 물건을 세는 단위
● 強(つよ)い 강하다

일본판 고래밥!

★カルシウムたっぷり
　ノンフライ
　칼슘 듬뿍 튀기지 않음

★海(うみ)のともだち
　바다의 친구

★レア型(がた)、入(はい)って
いるかも?
레어한 모양이
들어 있을지도?

入っているかもしれない
(들어 있을지도 모른다)에
서 しれない가 생략되었
네요.

★おっとっと 옷톳토

おっとっとは 일본사람이 술이나
음료를 받다가 넘칠 때 하는 말입
니다. 우리말로 치면 '아차차'같은
느낌? 게다가 일본에서 '물고기'라
는 뜻으로 쓰이는 유아어가 おと
と라고 합니다. 이 두 가지 의미가
합쳐진 제품명이라고 하네요.

단어
- たっぷり 듬뿍, 넘칠 만큼 많은 모양
- レア型(がた) 희귀한 모양, 진귀한 모양
- 入(はい)っている 들어 있다
- 海(うみ) 바다
- 友達(ともだち) 친구

이것은 일본판 뿌셔뿌셔?!

★ベビースター
ラーメン キチン味
베이비스타 라면
치킨맛

★親子ペアニット帽子
プレゼントキャンペーン
부모와 아이용
페어 니트모자
선물 캠페인

★新キャラクター
ホシオくんをよろしくね!
신캐릭터 호시오군을
잘 부탁해!

캐릭터가 새로 바뀌었으니 잘
봐달라는 뜻입니다.

★ウラ・HPを見てね
뒷면, 홈페이지를 봐봐

친근한 느낌을 주기 위해 반
말을 쓰고 있네요. 만약 '봐주
세요'라고 쓴다면 見(み)てく
ださい 혹은 ご覧(らん)くだ
さい가 되겠지요.

★キブンちょい上げ! 기분을 살짝 올려주는!

気分(きぶん) 을 가타카나로 적은 이유는 여러 가지가 있으나, 가장 큰 이유는 작은 글씨로 인쇄되어 한
자로 쓰면 읽기 어려울 것 같아서입니다. 그렇다고 히라가나로 쓰면 뒤의 ちょい랑 붙어서 읽기 힘들어
지거든요. (일본어는 띄어쓰기가 없으니…) ちょい는 ちょっと랑 같은 뜻의 구어적 표현입니다.

단어
- 新(しん)キャラクター 신캐릭터
- ちょい 조금, 살짝
- 帽子(ぼうし) 모자
- 裏(うら) 뒷면
- 気分(きぶん) 기분
- 親子(おやこ) 부모와 자식
- プレゼントキャンペーン 선물 캠페인
- 表(おもて) 앞면

양념 쥐포 과자! 중독성 강한 駄菓子(だがし)!!

★焼肉(やきにく)さん太郎(たろう) 야키니쿠상 타로

焼肉는 일본식 고기구이를 일컫고, 뒤에 붙은 さん은 상대방을 높여 부를 때 '~씨'에 해당하는 표현. 그리고 太郎는 보통 첫째 아들에게 붙이는 이름이지만 여기서는 그냥 야키니쿠에 캐릭터성을 부여하기 위해 뒤에 붙인 표현이라고 보면 됩니다.

★ピリ辛(から)だよ! 얼얼하게 매워요!

식품이나 요리에서 '맵다'라고 표현할 때 자주 쓰이는 표현입니다. ピリ는 ひりひり(따끔따끔 아픈 느낌, 매워서 얼얼한 느낌)가 변형된 표현인데, 그냥 辛いよ!라고 하는 것보다 ピリ辛だよ!라고 하는 것이 뭔가 더 '맛'으로서 그럴싸한 느낌을 줍니다.

★ツーンとひろがる このうまさ! 찡하고 퍼지는 이 맛!

우리말로 '코끝이 찡하다'라고 할 때, 이 '찡'에 해당하는 표현이 ツーン입니다. うまさ는 うまい(맛있다)의 명사형.

★わさびのり太郎(たろう) 와사비노리 타로

와사비(わさび)와 김(のり)이 들어간 것을 유추할 수 있는 제품명. 참고로 와사비는 한자로 山葵라고 쓰는데, 일본 현지에서도 실생활엔 잘 쓰지 않고 わさび 혹은 ワサビ로 표기합니다.

단어
- 駄菓子(だがし) 막과자, 싸구려과자, 아이들용으로 만든 가격이 저렴한 과자
- 広(ひろ)がる 퍼지다 ● うまさ 맛있음, 맛

기타과자 2 카바야키상 타로·오코노미야키상 타로

앗! 장어구이맛까지 나오다니!

★蒲焼(かばやき)さん太郎(たろう) 카바야키상 타로

蒲焼는 생선류를 반으로 펼치고 소스를 발라 굽는 구이방식을 말하는데,
일반적으로 蒲焼라 하면 ウナギの蒲焼, 즉 장어구이를 말합니다. 이 제품에서도
그림으로 장어구이라는 걸 유추할 수 있지요.

★おいしいヨ! 맛있어요!

맛있다는 말을 강조하
고 싶어서 마지막 글자
요를 가타카나로 표기
하고 있습니다.

★お好(この)み焼(やき)さん太郎(たろう) 오코노미야키상 타로

お好み焼는 밀가루 반죽에 고기와 야채 등을 넣고 철판에서 구워먹는 일본의
대표적인 서민음식. 참고로 好(この)み는 '취향'이라는 뜻. 취향에 맞게 다양한
재료를 넣어 먹을 수 있습니다.

단어 ●お好(この)み 취향, 기호

★おいしい 맛있다 ★うまい 맛있다 ★ありがとうございました 고맙습니다

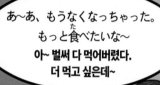

あ～あ、もうなくなっちゃった。
もっと食べたいな～
아~ 벌써 다 먹어버렸다.
더 먹고 싶은데~

보너스
식품알레르기 속 일본어

누구나 가슴에 알레르기 하나쯤은 간직하고 있지요?

만약 아니더라도, 내 주변의 소중한 사람을 위해 꼭 알아둬요!

일본은 알레르기를 유발하는 7개의 성분을 '특정원재료(特定原材料)'라고 하여 표시를 의무화하고 있으며, 20개의 성분을 '특정원재료에 준하는 것(特定原材料に準ずるもの)'이라 하여 표시를 장려하고 있습니다.

패키지 어딘가에 이런 식으로 나와 있을 거야!!

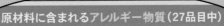

原材料に含まれるアレルギー物質（27品目中）
乳成分・小麦・大豆

특정원재료 7품목

卵(たまご) 달걀	*乳(にゅう) 우유	小麦(こむぎ) 밀가루	そば 메밀
落花生(らっかせい) 땅콩	えび 새우	かに 게	

* 乳(にゅう)＝乳成分(にゅうせいぶん) 우유 성분

あわび 전복	いか 오징어	いくら 연어알	オレンジ 오렌지
キウイフルーツ 키위	牛肉(ぎゅうにく) 소고기	くるみ 호두	さけ 연어
さば 고등어	大豆(だいず) 콩	鶏肉(とりにく) 닭고기	豚肉(ぶたにく) 돼지고기
まつたけ 송이버섯	桃(もも) 복숭아	やまいも 참마	りんご 사과
ゼラチン 젤라틴	バナナ 바나나	ごま 깨	カシューナッツ 캐슈넛

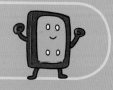

군것질 02
초콜릿과 달달한 과자들

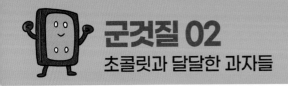

마침 일본에 친구가 살아서 만나게 되었습니다.

지 혼자 떠들어놓고…

얼마 만에 해보는 대화다운 대환 줄 몰라!!

그래서 네 얘기를 정리하자면… 무작정 일본에 왔는데, 우연히 어떤 책을 주웠다?

응, 군것질로 일본어를 배우는 책이었어!

근데 그 좋은 책을 과자 챕터만 읽고는 제자리에 놔두고 그냥 와버렸다??

응. 점유이탈물 횡령죄 몰라?

그렇다고 달랑 챕터 하나 보고 그냥 왔다고??

히익!!

일본어 못한다며? 가서 더 읽고 와!! 그리고 맛있는 거 사와!!

일본판 초코송이!

★2層のチョコがおいしいぜ!
두 겹으로 된 초콜릿이 맛있다구!

문장 맨 뒤에 붙은 종조사 ぜ는, 친근한 사람끼리 가볍게 다짐하거나
주의를 환기하는 데 씁니다. 주로 남자가 쓰는 표현이지요.

★きのこの山 버섯산
きのこ의 어원은 '나무의
아이(木の子)'입니다.

★ほっとひといき
휴우 하고
한숨 돌리고

★チョコレート菓子 초콜릿과자
일본에서는 초콜릿을 전체 중량의 60% 이상 사용한 가공품을 '초콜릿', 초콜릿을 전체
중량의 60% 미만 사용하고 나머지를 견과류나 과일 등으로 조합한 가공품을 '초콜릿과
자'라고 분류합니다. 여기에 '준초콜릿'이라는 분류도 있는데 이건 해당 제품이 나오면
그때 설명할게요.

단어
● きのこ 버섯
● 山(やま) 산
● 層(そう) 층
● 一息(ひといき) 한숨 돌림, 잠깐 쉼
● 菓子(かし) 과자 (단독으로 쓰일 땐 お菓子라고 씀)

초콜릿 2 타케노코노 사토

〃 초코송이의 자매품!

★たけのこの里 죽순마을

일본어는 명사와 명사를 붙일 때 사이에 の를 붙이곤 합니다. 우리말은 명사와 명사 사이에 '의'를 붙이면 이상해지는 경우가 많은데, 일본어는 역으로 の를 안 붙이면 이상해지곤 하지요. 참고로 '죽순'이라는 뜻의 たけのこ 역시 어원이 '대나무의 아이(竹の子)'입니다.

★ここらで ひといき
여기쯤에서 한숨 돌리고

★2層のチョコがおいしいYO! 두 겹으로 된 초콜릿이 맛있어요!

그림 상으로 보아 죽순 캐릭터들이 힙합댄스를 추고 있기 때문에, 문장 마지막을 영어로 YO라고 적은 거라고 추측할 수 있습니다.

단어
- たけのこ 죽순
- 里(さと) 마을
- ここら 이 근처, 이쯤

일본판 빈츠! 쌉쌀한 다크초코맛!

★アルフォート 알포트(Alfort)

일본 브루봉(ブルボン:Bourbon)사가 모험(冒険)이나 꿈(夢),
낭만(ロマン)을 이미지화해서 만든 조어라고 합니다.

★ミニチョコレート
ブラック 미니초콜릿
블랙

ミニ 미니 + チョコレート
초콜릿 + ブラック 블랙

★際立つカカオの味わい 두드러지는 카카오의 풍미

눈치채신 분도 계시겠지만, 아무래도 음식제품에 씌어진 어휘를 다루다보니 '맛'과 관련된
어휘가 여러 개 등장하네요. 味わい는 '맛, 풍미'라는 뜻으로, 단순히 맛이 있을 때 보다는
맛에 깊이가 있고 풍미가 있을 때 쓰는 표현입니다. 味わう(맛보다)의 명사형이기도 하지요.

단어
- 冒険(ぼうけん) 모험
- 夢(ゆめ) 꿈
- ロマン 낭만
- 際立(きわだ)つ (주변의 것들과 확실한 차이가 있어) 눈에 띄게 두드러지다
- カカオ 카카오
- 味(あじ)わい 맛, 풍미

초콜릿 4 아루포토 오리지널

일본판 빈츠, 오리지널! 칼로리가 무려 **316kcal**!

★チョコとビスケットの絶妙な味わい
ぜつみょう あじ
초콜릿과 비스킷의 절묘한 맛

★全粒粉入りビスケット 전립분이 들어간 비스킷
ぜんりゅうふん い

전립분(graham flour)이란 곡류 따위를 껍질을 분리하지 않고 통째로 간 가루.
일반 밀가루에 비해 비타민, 섬유소가 많고, 영양도 풍부하다고 알려져 있지요.

단어
● ビスケット 비스킷

● 絶妙(ぜつみょう) 절묘함

● 全粒粉(ぜんりゅうふん) 전립분

부드럽고 맛도 좋은 초코볼 가르보!

★galbo(ガルボ) 가르보

ガルボ는 1996년부터 판매되고 있는 메이지(明治)사의
초콜릿과자 시리즈명이에요.

★手につきにくい
손에 잘 안 묻어요

〜にくい는 동사 ます형 뒤에
붙어서 '~하기 어렵다'라는 뜻.
그래서 위 문장을 직역하면
'손에 묻기 어려워요'가 됩니다.
반대말은 〜やすい가 됩니다.

★チョコぎゅっと、気持ちグーっと! 초콜릿 꽉 차 있고, 기분은 최고!

ぎゅっと는 '힘주어 조르거나 누르는 모양'을 나타내는 의태어입니다. 쉽게 말해서 안에
초콜릿이 꽉꽉 차 있다는 뜻이지요. グー는 영어 Good의 살짝 변형된 일본어 표기.
일반적으로 쓰이는 Good의 일본어 표기는 グッド입니다. ぎゅっと랑 グーっと,
언어유희라고 보시면 됩니다. 허허허…

단어

● **ぎゅっと** 꽉, 힘주어 조르거나 누르는 모양

● **手(て)** 손

● **つく** 붙다, 묻다

● **〜にくい** ~하기 어렵다

초콜릿 6 가르보 바나나 초코볼

바나나우유를 초코볼로, 기간한정 바나나맛!

★期間限定 기간한정
き かんげんてい

일본에는 다양한 '한정'이 존재합니다. 발견할 때마다 어떠한 '한정'인지 꼭
체크합시다. 이 限定라는 글자가 붙은 건 무조건 사서 먹어보는 것이 좋지요.

★まろやかバナナ 부드러운 바나나

まろやか는 한자로 円やか라고 쓰는데, 둥글 원(円)을 쓰는 걸로 알 수
있듯이 둥글둥글하고 순하고 부드러운 모양을 나타냅니다.
주로 커피 혹은 카레의 맛을 표현할 때 자주 쓰이지요.

단어

● 期間(きかん) 기간
● 限定(げんてい) 한정
● まろやか 부드러움, 순함

겨울에만 판매하는 계절한정 초콜릿 멜티키스!

★meltykiss 멜티키스

Meltykiss(メルティーキッス)는
메이지사에서 발매하는
겨울한정 초콜릿브랜드 이름.

★冬期限定 겨울한정

벌써 또 다른 '한정'이 나왔네요! 참고로 期라
는 한자를 빼고 冬限定(ふゆげんてい)라고
쓸 수도 있습니다. 여름한정은 夏限定(なつ
げんてい), 봄한정은 春限定(はるげんてい)
라고 합니다.

★雪のようなくちどけ…
눈처럼 살살 녹는…

くちどけ는 くち(입)과 とける(녹는다)가 합쳐
진 표현. 즉 음식물이 입 안에서 녹는 모양을
나타냅니다. 당연히 음식, 특히 맛있는 음식한
테 써야겠지요?

단어

- 雪(ゆき) 눈
- くちどけ 입에서 살살 녹는
- コク 복합적이고 깊은 맛
- とろける 녹다

- ～のような ~처럼, ~와 같이
- クリーミー 크림이 많은 모양, 크림 같은
- 濃(こ)い 진하다

술이 들어 있는 초콜릿!

★くちどけラム&レーズン 입에서 녹는 럼주와 건포도

★洋酒使用(アルコール分3.7%)
양주사용 (알코올도수 3.7%)

양주를 사용했네요. アルコール分은 알코올을 포함한 음료나 식품에 들어 있는 알코올 비율을 말합니다. 술이 약하신 분들 혹은 술을 좋아하시는 분들은 アルコール라는 단어를 꼭 알아둡시다.

★お子様や運転時などはご遠慮ください
어린이 혹은 운전할 때 등에는 삼가주세요

遠慮는 '삼감, 조심함'이라는 뜻인데, 존경어 표현인 ご+한자어+ください에 들어가 '삼가주세요'라는 다소 딱딱한 표현이 되었습니다. 진지하게 말하는 것 같으니 하지 말아야겠죠?

단어
- 洋酒(ようしゅ) 양주
- アルコール 알코올
- 運転(うんてん) 운전
- 使用(しよう) 사용
- お子様(こさま) 어린이, 남의 아이를 높이는 말
- ～など ~등, 따위

초콜릿 9 고에다 밀크 초코 과자

고에다(小枝_{こえだ})는 '작은 나뭇가지'라는 뜻이래요!

★おいしくなった! 맛있어졌다!

い형용사+くなる는 '~하게 되다'라는 뜻
입니다. 여기서 なる는 '되다'이기 때문에,
なった는 '되었다'가 되겠네요.

★アーモンド入_いり 아몬드 함유

명사 뒤에 入り가 붙으면 '~~가 들어감'이라
는 뜻이 되며, 읽는 법은 入(い)り가 됩니다.

★サクサク食感_{しょっかん}UP
바삭바삭 식감 UP

과자 등의 적당히 딱딱한 음식을 씹을 때 나는
'바삭바삭'같은 느낌을 내는 단어가 바로
サクサク입니다. 사실 그림의 느낌만 봐도
이 과자가 물렁물렁할 것 같지는 않잖아요?

 단어
- 小枝(こえだ) 작은 나뭇가지
- 食感(しょっかん) 식감

모리나가 베이크 치즈케이크, 크리미 치즈!

★まるで<ruby>小<rt>ちい</rt></ruby>さなチーズケーキ
마치 작은 치즈케이크

★<ruby>現品<rt>げんぴん</rt></ruby><ruby>写真<rt>しゃしん</rt></ruby>は<ruby>拡大<rt>かくだい</rt></ruby>しています
현품 사진은 확대한 것입니다

★<ruby>準<rt>じゅん</rt></ruby>チョコレート 준초콜릿

우승보다 준우승이 아래인 것처럼, 그냥 초콜릿보다 준초콜릿이 뭐랄까 '초콜릿에서 멀어진 느낌'을 주지 않나요? '준초콜릿'은 카카오함유량이 15% 이상이거나, 카카오함유량 7% 이상이면서 카카오함유량과 유고형분의 합계가 12.5% 이상인 초콜릿을 사용한 제품을 말한답니다.

단어
- **まるで** 마치
- **現品(げんぴん)** 현품
- **写真(しゃしん)** 사진
- **拡大(かくだい)** 확대

아미노산이 들어 있어 건강에 좋다고 주장하는 초콜릿!

★仕事や勉強等による一時的・心理的なストレスを低減する
しごと べんきょうなど いちじてきしんりてき ていげん

업무와 공부에 의한 일시적, 심리적인 스트레스를 줄인다

단어와 단어를 분리하기 위해 쓰인 가운데점(•). 한국에서는 잘 쓰이지 않지만 일본에서는 외국인의 이름을 표기할 때 주로 쓰입니다. 예를 들어 제 이름은 キム・スミン이라고 표기합니다.

★機能性表示食品 기능성표시식품
き のうせいひょう じ しょくひん

이 제품에는 '감마아미노뷰티르산(γ-아미노酪酸)'이라는 기능성 성분이 들어 있다고 합니다.

단어

- 仕事(しごと) 일, 업무
- 勉強(べんきょう) 공부
- 一時的(いちじてき) 일시적
- 心理的(しんりてき) 심리적
- ストレス 스트레스
- 低減(ていげん) 저감, 줄임

초콜릿 12 블랙썬더

 바삭한 식감의 국민초코과자!

★圧倒的ザクザク感 압도적인 바삭바삭함

일반적으로 바삭한 식감의 표현할 때 쓰이는 의성어는 サクサク입니다만, 여기서는 한층 더 강한 느낌을 주기 위해 탁음을 추가하여 ザクザク로 표현하였습니다.

★おいしさイナズマ級! 번개급으로 맛있다!

직역하면 '맛있음이 번개급!'. 강렬함을 주기 위해 조사를 생략하고, 稲妻(いなずま)를 의도적으로 가타카나로 표기하였습니다.

★黒い雷神 검은 뇌신

단어
- ●圧倒的(あっとうてき) 압도적
- ●雷神(らいじん) 뇌신, 번개의 신
- ●稲妻(いなずま) 번개

곤약젤리, 곤냐쿠바타케!

★蒟蒻畑 곤약밭
（こんにゃくばたけ）

'곤약'을 나타내는 한자 蒟蒻는 일본사람들도 잘 쓰지 않아요. 이렇게 희귀하면서 쓸데없이 복잡한 단어는, 일상생활에서는 히라가나 혹은 가타카나로 표기합니다. 畑는 はたけ라고 읽지만 이 경우는 앞에 단어가 붙어서 탁음이 들어가 こんにゃくばたけ라고 읽습니다.

★ポーション タイプ
포션타입

정량으로 개별 포장 되어 있다는 말입니다.

★こんにゃく入（い）り
곤약이 들어 있음

★お願（ねが）い
부탁, 당부말씀

★小（ちい）さなお子（こ）様（さま）や高齢者（こうれいしゃ）の方（かた）は絶対（ぜったい）にたべないでください。のどに詰（つ）まるおそれがあります。

어린 아이 혹은 고령자 분은 절대로 먹지 말아주세요. 목에 막힐 우려가 있습니다.

단어

- 畑(はたけ) 밭
- 絶対(ぜったい)に 절대로
- 詰(つ)まる 막히다
- 高齢者(こうれいしゃ) 고령자
- のど 목
- ~おそれがあります ~할 우려가 있습니다

싱그러운 과즙, 다이어트에 좋은 곤냐쿠바타케!

★大粒アロエ
おおつぶ
큰 알갱이 알로에

★クラッシュタイプの
크러쉬타입의

crush라는 영어 뜻대로, 큰 덩어
리를 손으로 눌러서 으스러뜨리며
먹는 타입이라는 뜻입니다.

★りんご味
あじ
사과맛

★おいしくておなかもキレイ 맛있고 뱃속도 깨끗해
‘배’라는 뜻의 おなか는 한자로 お腹라고 씁니다만, 만약 お를 빼고 그냥 腹라고만 쓴다면 읽을 때
는 はら라고 읽습니다. (둘 다 ‘배’라는 뜻입니다) 이런 맥락 없음이 우리를 힘들게 하지요. キレイ도
원래 한자 綺麗가 복잡해서 편의상 가타카나로 표기한 케이스입니다. おなかもキレイ라는 말은
배변활동까지 도와줘서 속을 깨끗하게 비워준다는 의미겠죠^^

단어
● 大粒(おおつぶ) 알갱이가 큼
● おなか 배
● キレイ 깨끗함, 예쁨

탱글탱글한 코로로 포도 젤리!

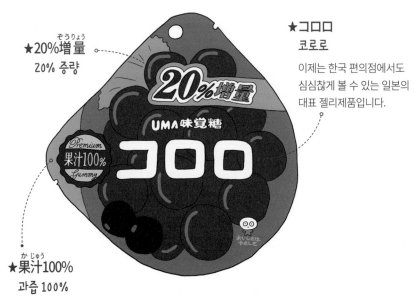

★20%増量
　　　　　ぞうりょう
20% 증량

★コロロ
코로로

이제는 한국 편의점에서도
심심찮게 볼 수 있는 일본의
대표 젤리제품입니다.

★果汁100%
　　かじゅう
과즙 100%

아마도 포도 과즙이겠죠? 포도는 葡萄(ぶどう)라고 쓰는데, 어려운 한자라서 주로 히라가나
혹은 가타카나로 쓰입니다. 모양이 진짜 포도알갱이처럼 생겼지요.

단어

● 増量(ぞうりょう) 증량　　　　　　● 減量(げんりょう) 감량
● 果汁(かじゅう) 과즙　　　　　　　● 葡萄(ぶどう) 포도

젤리 4 코로로 딸기 젤리

딸기 씨까지 씹히는 코로로 딸기 젤리!

★まるで苺食感 마치 딸기 식감
<small>いちごしょっかん</small>

苺라는 한자는 일상생활에서 잘 쓰이지 않지만, 이런 식의 제품 패키지 등에
서는 심심찮게 볼 수 있으니 체크!!

★つぶつぶ苺
<small>いちご</small>
알맹이 딸기

★おいしさはやさしさ
맛있음은 곧 다정함

코로로젤리의 제조사 미각당(味覚糖)의
대표문구이기도 합니다.

단어
- ●まるで 마치
- ●おいしさ 맛있음
- ●苺(いちご) 딸기
- ●やさしさ 상냥함, 다정함

설탕이 전혀 들어가지 않은 웰빙 무설탕 캔디!

★カラダにうれしい
몸이 즐거운

★ノンシュガー 무설탕

어떠한 성분이 포함되지 않았다는 말은 ノン를 써서 표현합
니다. 무알코올은 ノンアルコール입니다.

★カロリー44%オフ
칼로리 44%오프

오프는 영어 OFF를 말하며,
%뒤에 붙여서 그 숫자만큼
줄였다는 의미로 씁니다.

★果実(かじつ)のど飴(あめ)
과일 목캔디

★のどうるおう、
ジューシーなおいしさ
목이 윤택해지는,
과즙이 풍부한 맛

うるおう는 '습기를 띠다,
축축해지다, 윤택해지다'
등의 뜻으로, 피부보습제
등에서 쉽게 볼 수 있는
단어입니다. ジューシー
(juicy)는 수분이나 즙이
많은 것을 말합니다.

★巨峰味(きょほうあじ)、レモン味(あじ)、
いちご味(あじ)、オレンジ味(あじ)
거봉맛, 레몬맛, 딸기맛,
오렌지맛

단어

- **カラダ** 몸
- **果実(かじつ)** 과일
- **飴(あめ)** 사탕
- **うれしい** 즐겁다, 기쁘다
- **のど** 목
- **うるおう** 습기를 띠다, 축축해지다, 윤택해지다

안전과 건강을 생각하는 페코짱 팝캔디!

★ここからあけてね! 여기서부터 열어줘!

동사て형+ね는 친근한 부탁의 표현입니다. 대신 반말이기 때문에 손윗사람에게 쓰면 안 돼요!

★ポップキャンディ
팝캔디, 막대사탕

★ペコちゃん 페코짱

1950년에 과자회사 후지야(不二家)에서 만든 마스코트 캐릭터. 1950년생 이지만 영원한 6살라는 설정 이라네요. 참고로 남자친구 이름은 포코짱(ポコちゃん).

★歯にやさしい
緑茶ポリフェノール入り 치아에 좋은 녹차 폴리페놀 함유

やさしい는 앞서 언급했듯 이 '다정하다, 상냥하다' 등 의 뜻입니다만 여기서는 '치아에 좋다'라는 의미로 쓰였네요.

★安全な紙の棒 使用
안전한 종이봉 사용

 단어

● ここから 여기부터, 여기서부터
● 安全(あんぜん) 안전, 안전함
● 棒(ぼう) 봉

● あける 열다
● 紙(かみ) 종이

먹으면 몸에서 장미향이 나는 소프트캔디, 후와린카!

★ふわりんか 후와린카

겉은 딱딱하고 속은 쫀득쫀득한 크라시에(クラシエ, Kracie)사의 소프트캔디 상품명.

★ソフトキャンディ 소프트캔디

デ옆에 있는 ィ가 다른 글씨들보다 작다는 것에 주목! 일본에는 '디'라는 발음을 표기할 글자가 없어서, ディ라고 써서 억지로 '디' 발음을 표현합니다.

★吐息、カラダ香る 숨결, 온 몸에 풍긴다

吐息는 보통 걱정하거나 긴장이 풀릴 때 나오는 '한숨'을 말하는데, 여기서는 입 밖으로 내뱉는 숨 그 자체를 말합니다. 이 소프트캔디를 씹으면 숨결과 몸에서 은은한 향기가 난다는 걸 표현하고 있네요.

★華やかなローズの香りと フルーティな味わい
화려한 장미의 향과 과일의 풍미가 느껴지는 맛

단어
- 吐息(といき) 한숨
- 香(かお)る 향기가 나다
- 華(はな)やか 화사함, 화려함
- フルーティー、フルーティ(fruity) 과일의 풍미가 많이 느껴지는 모양
- 味(あじ)わい 맛

캔디 4 아사히푸드 소금레몬캔디

비타민이 많이 들어 있어 여름에 먹기 좋은 소금레몬맛 사탕!

★キシリトール糖衣でひんやり食感
자일리톨 당의로 차가운 식감

한국은 영어식 발음을 따와서 '자일리톨'이라고 하고, 일본은 핀란드어 발음을 따서 キシリ
トール라고 합니다. 그리고 '당의'는 환약이나 정제를 먹기 좋게 하기 위해 겉을 당제품으
로 싼 것을 말해요. 딱딱한 알맹이 모양의 자일리톨껌을 생각하면 좋을 듯.

★塩レモン
소금레몬

★ビタミン、クエン酸
비타민, 구연산

비타민과 구연산이 들어 있어
활력에 도움을 준다고 합니다.

★栄養機能食品
영양기능식품

일본 소비자청이 지정한 기준을 충족시키는,
영양성분 보충 목적의 식품을 말합니다.

단어
- キシリトール 자일리톨
- ひんやり 찬 기운을 느끼는 모양
- レモン 레몬
- 糖衣(とうい) 당의, 당분을 입힘
- 塩(しお) 소금

입안을 상쾌하게 해주는 **구강청정캔디 민티아!**

★ 気持ちで選べるリフレッシュ! 기분따라 고를 수 있는 리프레쉬!

지금까지 120가지 이상이 발매된 민티아 시리즈. 일본 편의점에 가보면
아시겠지만, 기분따라 고르기에는 종류가 너무 많습니다.

★ スーッと長持ち!
(상쾌함이) 쭈욱 오래감!

보통 長持ち라는 단어를 수
식해주는 표현은 ずっと(쭈
욱)입니다만, 여기선 민트의
상쾌함까지 표현하기 위해
スーッと(숨을 깊게 들이쉬
는 모습)로 대체하였음을 알
수 있습니다.

★ フルーティーで爽やかな清涼感
과일향으로 상쾌한 청량감

단어
- 選(えら)ぶ 고르다
- 爽(さわ)やか 상쾌함, 산뜻함
- 清涼感(せいりょうかん) 청량감
- 長持(ながも)ち 오래 감

달콤한 간식, 복숭아맛 하이츄, 레몬맛 하이츄!

★おかやまけんさん しみずはくとう
★岡山県産 清水白桃
오카야마현에서 생산된 시미즈백도

오카야마의 명물 시미즈 백도의 맛을 캐러멜에 담았답니다. 게다가 제철 복숭아!!

★ハイチュウ
하이츄(HI-CHEW)

★しゅん あじ
旬を味わう 제철을 맛보다

旬은 '야채나 과일, 어패류 등이 가장 맛드는 철'을 뜻합니다.
일본에서 맛있는 음식을 맛보기 위해서 반드시 알아야 하는 단어겠지요?

★しょっかん
カリじゅわ食感
와삭 한입 깨물면 레몬향이 쫙~

딱딱한 음식을 깨물 때 나는 소리인 カリカリ와 육즙이나 향이 입 속에 퍼질 때의 느낌을 나타낸 じゅわっと를 합친 표현.

★すっパイチュウ
슷빠이츄

'시다'라는 뜻인 すっぱい와 제품명인 ハイチュウ를 합쳐서 새로운 제품명을 만들었네요.
저 すっぱい라는 단어만 봐도 입에 침이 고인다면 당신은 일본어 고수!!

★あじ
うますっぱいレモン味
맛나면서 신 레몬맛

'맛있다'의 うまい와 '시다'의 すっぱい를 또 합쳤음!

단어
● 旬(しゅん) 제철, 적기
● 白桃(はくとう) 백도

● 味(あじ)わう 맛보다
● すっぱい 시다

캐러멜 2 사케루 구미

 쫀득이처럼 찢어먹는 젤리, 사케루 구미!

★濃厚果実シート
(のうこう か じつ)
농후한 과일 시트

★新食感
(しんしょっかん)
새로운 식감

★さけるグミ
찢어지는 구미

단어
- さける 찢어지다
- 濃厚(のうこう) 농후, 매우 짙음
- グミ 구미, 젤리
- 果実(かじつ) 과실, 열매, 과일

캐러멜 3 카무카무 츄잉캔디 젤리 포도맛

일본판 마이구미!

★くせになる噛みごこち
습관이 되어버릴 씹는 느낌

くせ는 '습관, 버릇'이라는 뜻인데, 거의
대부분 くせになる(버릇, 습관이 되다)
라는 형태로 쓰이니 통으로 알아두면
좋을 듯. 噛む(씹다)와 ここち(기분,
느낌)가 합쳐지면서 噛みごこち라는
형태가 되었습니다.

★かむかむ巨峰 **잘근잘근 씹는 거봉**

噛む라는 한자가 복잡하니 일상생활에서는
히라가나만으로 쓰이곤 합니다. かむかむ라니,
우리말로 굳이 바꾸면 '씹고 씹는'정도 될까요?
어쨌든 일본사람이 이 제품명을 보면 '씹는 맛이
강한 음식이겠구나'라는 유추를 하게 됩니다.

★1粒当たり鉄分0.6mg+ポリフェノール
配合 **한 알 당 철분 0.6mg+폴리페놀 배합**

여기서 当たり는 '~에 대해서'라는 뜻으로 쓰였는데,
그 밖에도 복권이 당첨되거나, 제비뽑기에서 뽑혔을
때 등에도 当たり라는 표현을 쓴답니다.

단어
- くせ 버릇, 습관
- ここち 기분, 느낌
- 粒(つぶ) 둥글고 작은 것, 작은 알맹이 등을 세는 단위
- 当(あ)たり ~당, ~에 대해서
- 配合(はいごう) 배합
- 噛(か)む 씹다
- 巨峰(きょほう) 거봉
- 鉄分(てつぶん) 철분

캐러멜 4 노벨 오토코우메 시트

다케우치 유코의 군것질거리였던, 우메보시맛 시트!

★凝縮の一枚 응축된 한 장
_{ぎょうしゅく いちまい}

★濃厚梅干しシート
_{のうこううめぼ}
짙은 우메보시 시트

★男梅シート 오토코우메 시트
_{おとこうめ}

직역하면 '남자매실 얇은 판'으로 매실을 으깨
서 납작하게 판 모양으로 만든 일종의 건매실
입니다. 고구마말랭이, 감말랭이 같은 종류죠.

★手塩にかけた心にしみる梅え味 소중하게 키운, 마음에 스며드는 매실맛
_{て しお} _{こころ} _{うめ あじ}

手塩にかける는 '소중하게 돌보다, 키우다'라는 관용어구. 梅와 味 사이에 작은 え가 껴있는 거 보이
시나요? '매실 맛'이라는 뜻과 '맛있는 맛(うめえ는 うまい의 남성구어체 표현)' 두 가지를 표현하려는
일종의 언어유희입니다. 이런 말장난을 일본에선 ダジャレ라고 합니다.

단어
- 凝縮(ぎょうしゅく) 응축
- 梅干(うめぼ)し 우메보시, 매실에 소금을 넣고 절인 일본식 음식
- 手塩(てしお)にかける 소중하게 돌보다, 키우다   ● 心(こころ) 마음
- しみる 스며들다, 번지다   ● 梅(うめ) 매실
- 味(あじ) 맛

껌 1 리칼덴트 껌 · 크로렛츠 껌 보틀 타입

리칼덴트 무설탕 그레이프 민트 껌, 크로렛츠 샤프 민트 껌!

★眠気シャキッ! 졸음이 확!
^{ねむけ}

눈気는 한자 그대로 '졸려오는 기분'이라서 '졸음'이라는 뜻이 됩니다. 같은 방식으로 寒気(さむけ)는 '추운 느낌, 추위'라는 뜻이 되지요.

★歯を健康に
^は ^{けんこう}
치아를 건강하게

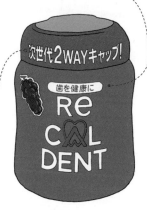

★キシリトール配合
^{はいごう}
자일리톨 배합

★次世代2WAYキャップ!
^{じ せ だい}
차세대 2WAY뚜껑!

한 알씩 빼는 뚜껑과 여러 알 동시에 뺄 수 있는 뚜껑 두 가지가 있다는 걸 저렇게 멋있게 표현했네요.

★お口のスッキリ感30分
^{くち} ^{かん} ^{ぷん}
입 속 상쾌함 30분

나의 입이 아니라 소중한 고객님의 입이기 때문에 앞에 お를 붙여 お口라고 했다고 봅니다.

단어
- ●ボトル 보틀
- ●次世代(じせだい) 차세대
- ●健康(けんこう) 건강
- ●口(くち) 입

- ●ガム 껌
- ●歯(は) 치아, 이빨
- ●眠気(ねむけ) 졸음
- ●すっきり 상쾌한 모양, 산뜻한 모양

50분 지속 껌, 핏츠 링크 노리밋 민트!

★味、長続き50分！
<ruby>あじ</ruby> <ruby>ながつづ</ruby> <ruby>ぷん</ruby>

맛이 50분이나 오래 지속됨!

일본은 껌 제품의 특징을 설명할 때, 맛의 지속력을 따지곤 합니다.
50분 동안 씹어도 싱거워지지 않는다는 뜻이지요.

단어　● 長続(ながつづ)き 오래 지속됨, 오래 감

그 날… 나는 평소보다 더 오랫동안 과자를 고르고 또 골랐습니다.

아~ 오늘은 달달한 걸 딱 하나씩 샀네! 다 이 책 덕분이야!

'딱 하나'가 아니고 '딱 하나씩'이었구만…

젤리

캔디

초콜릿

캐러멜

헉! 당신은 아까…

저, 저기…

당신이 그 책… 주인이신가요?

아, 저… 그게…

책의 비밀을 쥔 듯한 검은 남자의 정체는 과연!!

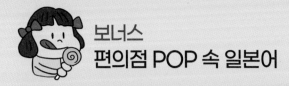

보너스
편의점 POP 속 일본어

01 口コミで話題!! 입소문으로 화제!

口コミ는 '口頭でのコミュニケーション', 즉 '구두에 의한 커뮤니케이션'의 약자. 입에서 입으로 전해지면서 화제가 된 상품이라는 뜻이에요.

● 口(くち)コミ 입소문
● 話題(わだい) 화제
● 口頭(こうとう) 구두

02 店長イチオシ!! 점장의 강력추천!

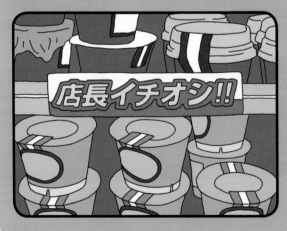

イチオシ는 한자로 쓰면 '一押し', 즉 '첫 번째로 민다'라는 뜻입니다. 점장이 강력추천하는 상품이니, 정말 좋은 제품이거나 아니면 많이 팔렸으면 하는 제품이겠지요.

● 店長(てんちょう) 점장
● イチオシ 강력추천

03 シール40枚(まい)あつめると、かならずもらえる!!
스티커를 40장 모으면 반드시 받을 수 있어요!

빵이나 유제품 코너에서 흔히 보는 이벤트문구예요. 주로 귀여운 캐릭터가 인쇄된 접시 등을 받을 수 있지요. 추첨(抽選)이 아니라 스티커만 모으면 반드시 받는다(必ずもらえる)라는 부분이 포인트.

● シール 스티커
● あつめる 모으다
● 必(かなら)ず 반드시
● もらえる 받을 수 있다
  (もらう의 가능형)

04 お買得(かいどく) 사면 이득입니다

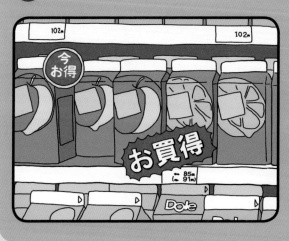

상품의 질에 대해 가격책정이 낮아 구매하면 이득을 본다는 뜻. 주로 홍보용 문구로 쓰이며, 옆에 보이는 'お得(とく)'도 같은 뜻입니다.

● 今(いま) 지금
● 買(か)う 사다
● 得(とく) 이익, 이득

05 当店では未成年者に酒類を販売いたしません
이 가게는 미성년자에게 주류를 판매하지 않습니다

슈퍼마켓 혹은 편의점의 주류코너에서 볼 수 있는 문장이에요. 다른 케이스로는 年齢確認実施中(연령확인실시 중)이라는 표현도 볼 수 있어요. 성인이 술을 구매할 경우에도, 터치패널로 성인인증버튼을 직접 터치해야 합니다.

- 未成年者(みせいねんしゃ)
  미성년자
- 酒類(しゅるい) 주류
- 販売(はんばい) 판매
- 年齢確認実施中(ねんれいかくにんじっしちゅう)
  연령확인실시 중

06 タイムセールコーナー 타임세일코너

유통기한이 임박한 냉장음식, 유제품 등을 할인해서 파는 코너입니다. '50円引き(50엔 할인)' 등의 스티커가 붙어 있으면 확실하지요. 이런 경우 유통기한을 더 꼼꼼히 확인하고 구매합시다.

- 引(ひ)く (값을) 깎다, 싸게 하다
- 50円引(ごじゅうえんび)き
  50엔 할인

07　ファミチキによく合（あ）う! 화미치키랑 잘 어울려요!

일본 패밀리마트에서 판매하는 닭
튀김 브랜드(혹은 줄임말)를 말하
는 ファミチキ랑 잘 어울린다. 그
말은 즉, '자기네 치킨을 샀으면 탄
산음료도 같이 사라'는 뜻이겠네요.

● よく合（あ）う 잘 어울리다

08　ーおねがいー 家庭（かてい）ゴミの持（も）ち込（こ）みはご遠慮（えんりょ）願（ねが）います。
-부탁의 말씀- 가정쓰레기를 버리는 건 삼가주세요.

持ち込みは '가지고 들어옴, 지참'
이라는 뜻으로, 집에서 발생한 쓰레
기를 편의점에 가지고 들어와 버리
지 말라는 뜻이겠지요.
쓰레기통 아래 적힌 もやせるゴミ
는 '태울 수 있는 쓰레기'라는 뜻으
로, 지역에 따라 조금씩 차이가 있
지만 주로 음식물쓰레기, 플라스틱
제품, 종이, 고무제품, 가죽제품 등
을 지칭합니다.

● お願（ねが）い 부탁
● ゴミ 쓰레기
● 遠慮（えんりょ） 삼감, 조심함
● もやせる 태울 수 있다

그러니까 POP에 적힌 내용을 알면 오히려 돈을 더 쓰겠구나!!
열심히 돈 벌어야지!!

綾鷹300P
コカ・コーラ
300ML
K-30

本体 **100** 円
税込 **108** 円

29 円 (税込120円)

茶　緑茶　525ml

税込 **129**

サントリー　伊右衛門

군것질 03
차음료와 커피음료들

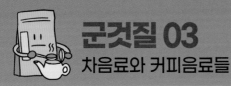

현실에서 도피하듯 무작정 일본으로 여행 온 나…

コンビニ

末の××フェア

우연히 거리에서 수상한 책을 발견하게 되고…

일본어를 군것질로 해웠습니다만?

책에 깃든 저주를 알게 된 내 친구 미설이는

밀실된 방에서 살해당한다!

과연 범인은 누구인가!!?

무슨 소리야!! 나 안 죽었어!!

편의점 앞에서 만난 수수께끼의 남자를 따라 근처 카페에 들어간 우리…

더우니까 이거 벗고 이야기할게요.

혁!!

지금부터 제가 하는 이야기를 잘 들으셔야 합니다…

저는 이 책으로부터 당신을 구하기 위해 미래에서 온…

비밀요원 K라고 해요!!

저기… 누구 닮으신 것 같은데…

혹시 K가 아니라 C… 아닌가요?

누군가와 너무 비슷한 외모 때문에, 미래에서 왔다는 설정이 묻히고 말았다!

저기요! 과거에 저랑 닮은 사람이 있었다는 건 저도 알아요!

하지만 지금은 그게 중요한 게 아니라구요!!

저기… 나비넥타이는 왜 안 하고 왔니?

손목시계 나 주라!!

마…말을 안 듣는군…

역시 말로 해서는 안 되겠군요…

미리 사과 드립니다.

운동화!! 운동화에 손이 갔어!

운동화로 직접 공격??

크헉!

진실은 언제나 한 방!!

차음료 1 기린 나마차

초록색 패키지에 茶라고 써 있으면 녹차일 확률 99%!!

★生茶 _{なまちゃ} 생차

딴 지 4시간 이내의 생차잎을 영하 30도 이하에서
보존하여 만들었다고 제조사는 밝히고 있습니다.

★よくふってからお飲 _の みください
잘 흔든 다음 마셔주세요

전형적인 お+ます형+ください 형식의 존경어입
니다. 공부한다기보다는 자꾸 보면서 통째로
익히는 게 정신건강에 좋습니다.

★茶葉 _{ちゃ ば} のいいところ'まるごと'
찻잎의 좋은 부분이 '통째로'

단어

● よく 잘
● 〜から ~한 다음
● 茶葉(ちゃば) 찻잎
● ところ 곳, 장소, 부분

● 振(ふ)る 흔들다
● 飲(の)む 마시다
● いい 좋다, 좋은
● まるごと 통째로, 그대로

말차가 들어간 진한 녹차!

★朝にシャキッと 아침에 산뜻하게

シャキッと는 '자세 혹은 태도에서 긍정적인 생기를 느낄 수 있는 모양'을 말합니다. 즉 아침을 산뜻하게 시작하고 싶으면 이걸 마시라는 뜻이지요.

★お~いお茶 어~이, 차 좀 줘

70년대 홍차 TV 광고에서 배우 시마다 쇼고(島田正吾)의 대사 '오~이, 오차'를 그대로 제품명으로 삼았다고 합니다.

★濃い茶 진한 차

어떤 음식이든 濃い라는 어휘가 들어가 있으면 비교적 진하다는 뜻입니다. 반대말은 薄い이구요. 茶는 일반적인 차의 통칭인데, 일상회화에서는 앞에 お를 붙여 お茶라는 표현을 씁니다.

★健康カテキン2倍 건강 카테킨 두 배

배수를 표현할 땐 숫자 뒤에 倍(ばい)가 붙습니다. 몸에 좋다는 녹차의 주성분 카테킨이 두 배가 들어있다는 걸 내세우고 있네요. 카테킨은 맛의 떫은 맛 성분으로 발암억제, 혈중 콜리에스테롤 저하, 혈당 상승 억제, 항균, 충치 예방, 구취 예방 등이 있다고 합니다. 다이어트에도 효과가 있다고 하죠^^

단어
- **朝(あさ)** 아침
- **濃(こ)い** 짙다, 진하다
- **健康(けんこう)** 건강
- **シャキッと** 산뜻하게, 야무지게, 시원시원하게
- **薄(うす)い** 얇다, 연하다
- **抹茶入(まっちゃい)り** 말차가 들어감

한국은 17차, 일본은 16차!

★十六茶 16차
じゅうろくちゃ

★食後の血中 中性脂肪の上昇をおだやかにする
しょくご　けっちゅうちゅうせいしぼう　じょうしょう
식후의 혈중중성지방 상승을 막아준다

おだやかは '온화함, 평온함' 이라는 뜻인데, 여기서는 '(상승을 막아서) 잔잔하게 함' 이라는 뜻으로 쓰였네요. 上昇의 반대어는 두 가지인데, 아래로 내려가면 下降(かこう), 수치 등이 낮아진다면 低下(ていか)라는 표현을 씁니다.

★食事と一緒に
しょくじ　いっしょ
식사와 함께

★カフェインゼロ 카페인 제로

단어			
●食後(しょくご) 식후		●食前(しょくぜん) 식전	
●脂肪(しぼう) 지방		●上昇(じょうしょう) 상승	
●穏(おだ)やか 온화함, 평온함		●食事(しょくじ) 식사	
●一緒(いっしょ)に 함께		●ダブル(W) 더블	

건강과 미용을 생각하는 소켄비차!

★爽健美茶 소켄비차 (そうけんびちゃ)

'爽やかに, 健やかに, 美しく(상쾌하게, 건강하게, 아름답게)'를 콘셉트로 하여, 건강과 미용을 생각하는 사람을 위한 차를 표현했다고 합니다.

★麦茶 보리차 (むぎちゃ)

일본 제품은 패키지에 텍스트가 많아 어떤 종류의 차음료인지 헷갈리는 경우가 많습니다. 麦茶(보리차), 紅茶(홍차), 烏龍茶(우롱차) 등의 단어를 알아두면 파악하는데 도움이 되겠지요.

★体についた脂肪を減らす 몸에 붙은 지방을 줄인다 (からだ / しぼう / へ)

'붙다'라는 뜻의 つくは, 무언가가 매달려있을 때, 묻어있을 때 등에도 쓰입니다. 이 중요한 단어를 설명하면서, 하필이면 그 주체가 '지방'이라는 게 참 슬프네요.

단어

- **爽(さわ)やか** 상쾌함
- **美(うつく)しい** 아름답다
- **烏龍茶(ウローンちゃ)** 우롱차
- **つく** 붙다, 묻다, 매달리다

- **健(すこ)やか** 건강함
- **紅茶(こうちゃ)** 홍차
- **体(からだ)** 몸, 신체
- **減(へ)らす** 줄이다

산뜻하고 깔끔한 우롱차!

★烏龍茶飲料 売上NO.1
ウーロンちゃいんりょう うりあげ

우롱차음료 매상 1위

売上NO.1이라는 표현은 제품을 좋게 포장함에 있어서 가장 효과적으로 쓰이는 표현 중 하나입니다. 쉽게 말해 가장 많이 팔렸다는 뜻이지요.

★サントリー烏龍茶
ウーロンちゃ

산토리 우롱차

★奥深く、清冽
おくぶか せいれつ

속이 깊고, 청렬하다

★健康成分ポリフェノール
けんこうせいぶん

건강성분 폴리페놀

단어

● 売上(うりあげ) 매상

● ポリフェノール 폴리페놀

● 清冽(せいれつ) 청렬, 물이 맑고 찬 모양

● 成分(せいぶん) 성분

● 奥深(おくぶか)い 속이 깊다

차음료 6 기린 오후의 홍차

오후만 되면 밀크티가 그리워지게 만드는 오후의 홍차!

★カフェイン0
카페인 제로

★こだわり素材の
ヘルシーミルクティー
엄선된 소재로 만든,
건강에 좋은 밀크티

★北海道産生クリーム
ウバ茶葉使用
홋카이도산 생크림
우바찻잎 사용

지명 뒤에 産이 붙으면 출신지
혹은 산지를 나타냅니다.

★午後の紅茶 오후의 홍차
'오후의 홍차'는 제품명이지만,
본 김에 午後의 반대어인 午前
(ごぜん)까지 알아가면 좋을 것
같네요.

★カロリーオフ
칼로리 오프

단어
● こだわり 엄선한, 심혈을 기울여 ~한
● ヘルシー(healthy) 건강한, 건강에 좋은
● 生(なま)クリーム 생크림

● 素材(そざい) 소재
● ミルクティー 밀크티
● 使用(しよう) 사용

차음료 7 오후의 홍차 맛있는 무설탕

달지 않아도 맛있는 오후의 홍차 무설탕!

★午後の紅茶 おいしい無糖
오후의 홍차 맛있는 무설탕

당분이 없으면 맛이 없을 것이라고 생각하기
때문에, 패키지에 크게 おいしい라고
적어놓은 겁니다.

★茶葉本来の豊かなおいしさ
찻잎 본래의 풍부한 맛

おいしさ는 おいしい의 명사형으로, '맛있
음' 혹은 '맛있는 정도'를 나타냅니다. 위 표
현대로, 당분이 없지만 맛있다는 것을 어필
하고자 하는 표현이지요.

★手摘みダージリン茶葉使用
손으로 딴 다르질링 찻잎 사용

★ポリフェノール 폴리페놀

단어
● 無糖(むとう) 무당, 당분이 없음
● 豊(ゆた)か 풍부함, 풍성함
● 手(て) 손
● 本来(ほんらい) 본래
● 摘(つ)む 따다, 뜯다

98 일본어를 군것질로?

차음료 8 녹차티백 잘 우러나는 프리미엄티백

찬물에도 잘 우러나는 이토엔의 녹차티백!

★よく出るおいしいプレミアムティーバッグ
잘 우러나는 맛있는 프리미엄 티백

出る는 일반적으로 '나오다'라는 뜻이지만, 여기서 나오는 주체는 찻잎이기 때문에 '우러나다'라는 표현이 더 가깝겠네요. 제품의 이미지를 높이기 위한 마법의 단어 プレミアム는 이곳 저곳에 자주 출몰하니 주의.

★糸が長くて使いやすい
실이 길어서 사용하기 쉽다

やすい는 일본에서 쇼핑하는 입장에선 '(가격이) 저렴하다'라는 뜻만 알고 있으면 되지만, 동사 뒤에 붙어서 '~하기 쉽다'라는 뜻도 있답니다. (물론 다른 한자를 씁니다.)

★茶葉がひろがる三角ナイロンバッグ
찻잎이 퍼지는 삼각 나일론백

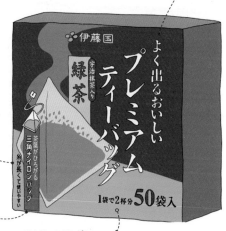

★1袋で2杯分 한 봉지로 두 잔 분
袋(ふくろ)는 봉지나 자루를 세는 단위, 杯(はい)는 잔을 세는 단위입니다.

단어

- ●よく出(で)る 잘 나오다
- ●長(なが)い 길다
- ●易(やす)い 쉽다, 간단하다
- ●広(ひろ)がる 퍼지다, 번지다

- ●糸(いと) 실
- ●使(つか)う 사용하다
- ●安(やす)い 싸다
- ●三角(さんかく) 삼각

차갑게도 뜨겁게도 타마실 수 있는 녹차분말!

★マイボトルにも便利
べん り

마이보틀에도 편리함

마이보틀은 특정 브랜드의 물통이름이기도 하지만,
여기서는 개인용 물통이나 텀블러 등을 가리킵니다.

★色よく香り高く味わい深く
いろ　かお たか あじ　　ぶか

색 좋고 향기 좋고 풍미는 깊게

高い는 '높다'이지만, 香り(향기)가 앞에
붙으면서 '좋은 향기가 난다'가 됩니다.

★たっぷり約100杯分
やく ひゃっぱいぶん

넉넉하게 약 100잔 분

내용물의 분량을 가늠하기 위한
문장입니다. 수치가 정확하지는
않을 때 숫자 앞에 約를 붙이면
되지요.

★さらさら 보슬보슬

가루가 습기 없이 바스러
지는 느낌의 의태어. 가루
형태의 제품임을 한 번에
알 수 있는 표현이지요.

★水でもお湯でもすぐとける!
みず　　　 ゆ

찬 물에도 따뜻한 물에도 금방
녹는다!

水는 일반적으로 '물'이라는 뜻이지
만, お湯(온수, 따뜻한 물)과 대비하
여 '상온의 물, 찬물'이라는 뜻으로도
쓰입니다. 글씨에 들어간 색깔을 봐도
유추할 수 있지요?

★抹茶入り緑茶
まっちゃ い りょくちゃ

말차가 들어간 녹차

<hr>

단어

- **香(かお)り高(たか)い** 좋은 향기가 나다
- **深(ふか)い** 깊다
- **水(みず)** 물
- **すぐ** 바로, 즉시

- **味(あじ)わい** 맛, 풍미
- **便利(べんり)** 편리, 편리함
- **お湯(ゆ)** 따뜻한 물, 뜨거운 물
- **溶(と)ける** 녹다

일본에서 차음료 만큼 많은 게 바로 캔커피!!

★最後までおいしい
마지막까지 맛있다

한국에서 '최후'라는 표현은 뭔가 비장한 느낌을 주지만, 일본에서 쓰는 最後는 우리가 일반적으로 쓰는 '마지막'에 가깝습니다.

★世界一のバリスタ監修
세계제일의 바리스타 감수

월드 바리스타 챔피언십(World Barista Championship, WBC)은 현재 세계 최고의 바리스타 대회로, 각국의 바리 스타 챔피언십 우승자들이 세계 타이틀을 두고 경쟁합니다. 이 대회에서 수상한 사람의 감수로 만들어진 커피라고 내세우고 있습니다.

★香るブレンド
향기가 좋은 블렌드

 단어

- **缶(かん)コーヒー** 캔커피
- **〜まで** ~까지
- **世界一(せかいいち)** 세계제일, 세계최고
- **監修(かんしゅう)** 감수

- **最後(さいご)** 마지막, 최후
- **おいしい** 맛있다
- **バリスタ** 바리스타

캔커피 2 산토리 보스 호화미당

커피만은 호화롭게, 산토리 보스 호화미당!

★豊醇のコク
ほうじゅん
향이 진하고 깊은 맛

豊醇은 '향이 진하고 맛이 좋음'
이라는 뜻이고, コク는 '복합적이고
깊은 맛'이라는 뜻입니다. 두 단어
모두 캔커피와 캔맥주 등에서 쉽게
볼 수 있는 단어지요.

★贅沢微糖 호화미당
ぜいたく び とう

'贅沢'에서 '고급원두를 사용했음'을,
'微糖'에서 '당분함유량이 적음'을
표현하고 있습니다.

★糖類50%オフ[コーヒー]
とうるい
당류 50% 오프[커피]

다른 커피와 비교해 단맛이 50% 적다는 뜻이겠지요.
앞에서 언급한 캔커피에는 糖類50%減이라고
적혀 있는데, 같은 뜻입니다.

단어

● **豊醇(ほうじゅん)** 향이 진하고 맛이 좋음

● **コク** 감칠맛, 깊이 있는 내용

● **贅沢(ぜいたく)** 호화로움, 사치

● **糖類(とうるい)** 당류, 당분의 종류

● **減(げん)** 감소

WONDA의 프리미엄 라인 금의 미당 캔커피!

★こうきゅうまめ
★高級豆へのこだわり
고급원두를 향한 집착

★きん びとう
★金の微糖 금의 미당

金이라는 한자가 '돈'이라는 뜻으로 쓰일 때에는 かね라고 읽지만, 여기선 '금'의 뜻으로 쓰이기 때문에 きん이라고 읽습니다. 微糖라고 적혀 있으면 적은 양이지만 당분이 들어있다는 뜻. 설탕이 안 들어간 커피는 BLACK이라고 적혀 있으니 참고!

★こうきゅうまめ
★高級豆100%のコク
고급원두 100%의 진하고 깊은 맛

단어

● 高級(こうきゅう) 고급

● 豆(まめ) 콩

● こだわり 구애됨, 집착

● 金(きん) 금

드립커피 1 살짝 사치스러운 커피가게

기다리는 시간까지 향기로운 드립커피!

★上乗せ<ruby>上乗<rt>うわの</rt></ruby>せドリップ
컵 위에 올리는 타입의 드립

원래 上乗せ는 '추가함, 웃돈을 줌'이라는 뜻입니다만, 여기서는 말 그대로 '위에 올림'이라는 뜻으로 쓰입니다. 컵 안까지 들어가는 일반 드립과는 다르게, 높이가 낮은 컵으로도 마실 수 있지요.

★ちょっと<ruby>贅沢<rt>ぜいたく</rt></ruby>な<ruby>珈琲店<rt>コーヒーてん</rt></ruby>
살짝 사치스러운 커피가게

아주 사치스러운 건 안 되지만, 살짝 사치스러운 건 괜찮지 않을까?라는 의도가 들어간 네이밍. 珈琲는 coffee의 한자 표기입니다.

★<ruby>日本<rt>にほん</rt></ruby>の<ruby>水<rt>みず</rt></ruby>で、たくみに<ruby>香<rt>かお</rt></ruby>る
일본의 물로, 능숙하게 나는 향

드립커피 2 장인의 커피

드립커피, 장인의 커피!

★職人の珈琲 ^{しょくにん} ^{コーヒー}

직인의 커피, 장인의 커피

職人은 한자를 음으로 읽으면 '직인', 뜻은 '장인' 입니다. 珈琲는 커피의 한자 표기.

★深いコクのスペシャルブレンド ^{ふか}

깊은 맛의 스페셜블렌드

캔커피 편에서도 나온 단어인 コク가 여기서도 또 나왔습니다. 깊은 맛을 말합니다.

★苦味、酸味、コク ^{にがみ} ^{さんみ}

쓴맛, 신맛, 깊은 맛

커피의 맛을 서너 가지로 분류하여 취향 따라 고를 수 있도록 한 제품이 많습니다. 이제 뜻을 아니 본인의 취향에 맞는 커피를 고를 수 있겠죠?

 단어

● 職人(しょくにん) 직인, 장인, 숙련된 기술로 손수 무언가를 만드는 직업을 가진 사람

● 苦味(にがみ) 씀, 쓴맛

● 酸味(さんみ) 심, 신맛

● コク 깊은 맛, 감칠맛

희석용커피 보스 LATTE BASE 라떼베이스

집에서 손쉽게 마시는 아이스 카페라떼!

★1本(いっぽん)で約(やく)10杯分(じゅっぱいぶん)
한 통으로 약 10잔 분

本(ほん)은 가늘고 긴 물건을 셀 때 쓰는 단위로, 그림과 같은 페트병도 가늘고 긴 물건에 포함됩니다.

★牛乳(ぎゅうにゅう)と割(わ)るだけ
우유에 타기만 하면 됨

割る는 보통 '나누다, 쪼개다' 등의 의미로 쓰입니다만, 여기서는 '(물 등에) 희석하다'라는 뜻으로 쓰였습니다. 위스키나 소주를 물에 탄 것을 '미즈와리(水割り)'라 부르는 것도 이 때문이지요.

★ご褒美(ほうび) 포상

상, 포상이라는 뜻의 褒美 앞에 존경 표현으로 ご가 붙었습니다. 대체로 훈 독으로 읽는 순수일본어 앞에는 お를 붙이고, 음독으로 읽는 한자어 앞에는 ご를 붙이지요.

★コーヒー＜希釈用(きしゃくよう)＞
커피 〈희석용〉

이제 이 단어를 알았으니, 무심코 들 이켰다가 뿜어버리는 불상사는 일 어나지 않겠지요?

<단어>
- 牛乳(ぎゅうにゅう) 우유
- だけ (동사 뒤에 붙어서) ~할 뿐
- 希釈用(きしゃくよう)コーヒー 희석용커피
- 割(わ)る 나누다, 쪼개다, 물에 타다
- ご褒美(ほうび) 포상

포션커피 CAFELATORY 카페라토리

 라떼(커피, 녹차, 캐러멜)를 쉽게 만들 수 있는 캡슐 타입의 카페라토리!

★CAFELATORY 카페라토리

농축한 커피원액에 물이나 우유를
넣는 것만으로 아이스커피나 카페
오레 등을 쉽게 만들 수 있게 한
제품입니다. 참고로 포션커피는
ポーションコーヒー라고 합니다.

★無糖 무당, 당분이 없음
　む とう

★甘さひかえめ 단 맛이 적음
　あま

ひかえめ는 '기준보다 적은 양'을 말하
는데, 사람에게 쓰면 '조심스러운 소극
적인 태도를 지닌'이라는 뜻이 됩니다.

★抹茶ラテ 말차라떼
　まっちゃ

★キャラメルラテ 카라멜라떼

(단어)
● ポーションコーヒー 포션커피, 액상커피, 캡슐커피
● 甘(あま)い 달다
● ひかえめ 적은 양

흰우유의 대표상품, 맛있는 우유!

★<ruby>生乳<rt>せいにゅう</rt></ruby>100%<ruby>使用<rt>しよう</rt></ruby>
생우유 100% 사용

★おいしい<ruby>牛乳<rt>ぎゅうにゅう</rt></ruby>
맛있는 우유

★<ruby>賞味期限<rt>しょうみ きげん</rt></ruby> 유통기한

미개봉상태로 올바른 방법으로 보관
했을 시, 맛있게 먹을 수 있다고 인정
되는 기간을 말합니다. 한국의 유통기
한과 같은 쓰임입니다만, 유통기한은
유통업자, 판매자 입장의 용어인 반면
賞味期限은 소비자 입장의 용어라는
느낌이 강하지요.

★<ruby>開封前<rt>かいふうまえ</rt></ruby> 개봉 전

우유 등의 유통기한표기 아래에 붉
은색 글씨로 적혀 있곤 합니다. 이 유
통기한은 개봉 전, 그러니까 미개봉
시 해당되는 기한이라는 것이지요. 참
고로 한국에서는 영화가 상영될 때도
'개봉'이라는 표현을 씁니다만, 일본
은 개봉(開封)이 아닌 공개(公開)라
는 표현을 쓴답니다.

★<ruby>新鮮<rt>しんせん</rt></ruby>をしぼる<ruby>自然<rt>しぜん</rt></ruby>のよろこび
신선함을 짜내는 자연의 기쁨

단어
● 新鮮(しんせん) 신선, 신선함
● 自然(しぜん) 자연
● 開封(かいふう) 개봉

● 搾(しぼ)る 짜다, 짜내다
● 喜(よろこ)び 기쁨
● 公開(こうかい) 공개

우유 2 유키지루시 마이니치 호네부토

일본 내에서 스테디셀러 상품인 마이니치 호네부토!

★カルシウムをたっぷり摂りたい人へ
칼슘을 듬뿍 섭취하고픈 사람에게

★毎日骨太
마이니치 호네부토

매일 칼슘을 섭취하여 뼈를
튼튼하게 한다는 의미를
담고 있는 상품명입니다.

★あけぐち 여는 곳

あける는 '열다', くち는
'입'이지만 여기서는 '입구,
초입'이라는 뜻으로 쓰였습니다.
이쪽에서 우유를 열라는 뜻이지요.
あけくち가 맞는 표현입니다만,
보통 あけぐち를 더 많이 씁니다.

★低脂肪 저지방

★コップ2杯で1日分のカルシウム
컵 두 잔으로 하루치의 칼슘

어르신들이 고뿌라고 부르는 게 바로 여기 나오는 コップ입니다. 네덜란드어 kop에서
유래된 표현으로 음료를 마실 수 있는 용기의 총칭이지요. 머그컵 등 손잡이가 있는
컵은 영어 cup에서 유래된 표현인 カップ라는 표현을 쓴답니다.

단어
- **カルシウム** 칼슘
- **たっぷり** 충분히, 듬뿍
- **摂(と)る** (영양분 등을) 섭취하다

부드러운 카페오레 한 잔으로 잠깐의 여유로운 시간!

★5年連続 売上NO.1
<ruby>ごねんれんぞく<rt></rt></ruby> <ruby>うりあげ<rt></rt></ruby>
5년 연속, 매상 1위

★カフェオーレ 카페오레
우유를 주원료로 하여 소비자의
기호에 맞게 커피나 과즙을 추가한
음료를 **乳飲料**(にゅういんりょう)
라고 합니다.

★ひとゆるみ、しない?
잠깐 긴장 풀고 가지 않을래?

명사 앞에 붙은 ひと는 '잠깐, 조금'
라는 뜻이 있습니다. 이 커피우유를
마시면서 잠깐 한 타임 쉬고 가라는
뜻이지요.

★しみわたるまろやかさ
스며들어 퍼지는, 부드러운 맛

'스며들다'라는 뜻의 しみる와, 동사
뒤에 붙어서 '널리 퍼지다'라는 뜻을
지닌 わたる가 합쳐진 표현입니다.
まろやか는 음식의 부드러운 느낌을
표현할 때 자주 쓰이는 표현으로,
비슷한 의미로 mild(マイルド)를
쓰기도 합니다.

단어
● **連続(れんぞく)** 연속
● **ゆるみ** 느슨해짐, 풀어짐
● **まろやか** 순함, 부드러움
● **ひと~** 잠깐, 조금
● **しみわたる** 스며들어 퍼지다

우유음료 2 이치고오레

딸기우유, 이치고오레!

★クリーミー香り(かお)ふんわり ○
크림 향기가 사뿐히

ふんわりは 가볍고 부드러운 무언가가 살짝
내려앉은 느낌을 말합니다.

★いちごオーレ 딸기오레 ○

★国産(こくさん)とちおとめ ○
국산 도치오토메

とちおとめ는 일본 도치기현에서
생산되는 딸기 품종명입니다.

★デザインは味(あじ)のイメージです ·
디자인은 맛을 이미지화한 것입니다

쉽게 말해 저 딸기는 그냥 그림일 뿐, 실제 딸기가
통째로 들어 있지는 않아요, 라는 뜻이지요.

 단어

● いちご 딸기
● 味(あじ) 맛
● 種類別(しゅるいべつ) 종류별

● デザイン 디자인
● イメージ 이미지
● 果汁(かじゅう) 과즙

키코만은 간장으로 유명하지만, 두유도 종류가 많아요!

★**毎日続ける大豆の健康**
매일 계속하는 콩의 건강

★**調製豆乳** 조제두유

대두고형분 6% 이상, 대두3.0% 이상, 설탕이나 소금, 향료 등을 넣어 마시기 쉽게 조제한 두유의 총칭. 반대로 無調整豆乳(むちょうせいとうにゅう)는 콩과 물만으로 만들어진 두유를 말합니다. 두유제품은 맛의 종류가 엄청나게 많으니 기회가 된다면 다른 것도 맛봐 보세요.

★**契約栽培丸大豆使用**
계약 재배 콩 사용

계약재배란, 생산물을 일정한 조건으로 인수하는 계약을 맺고 행하는 농산물 재배.

★**植物性たんぱく飲料**
식물성 담백음료

단어

● **毎日(まいにち)** 매일
● **続(つづ)ける** 계속하다
● **契約(けいやく)** 계약
● **栽培(さいばい)** 재배
● **丸大豆(まるだいず)、大豆(だいず)** 대두, 콩

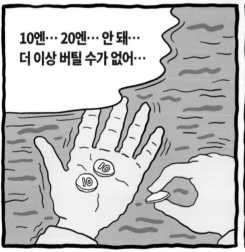

01

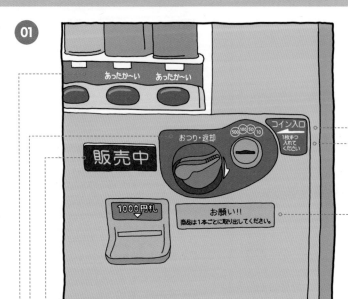

- ● **あったかい** : あたたかい (따뜻하다)의 구어체표현
  참고로 차가운 음료일 경우 아래에 **つめた～い**라고 적혀 있어요.

- ● <ruby>販売中<rt>はんばいちゅう</rt></ruby> 판매 중
  이 글씨가 점등되지 않는 상태에는 자판기를 이용할 수가 없어요.

- ● おつり・<ruby>返却<rt>へんきゃく</rt></ruby> 거스름돈, 반환

- ● コイン<ruby>入口<rt>いりぐち</rt></ruby> 동전 넣는 곳

- ● <ruby>1枚<rt>いちまい</rt></ruby>ずつ<ruby>入<rt>い</rt></ruby>れてください 한 개씩 넣어주세요
  동전은 얇기 때문에, 종이를 셀 때와 같은 단위인 枚를 이용합니다.

- ● お<ruby>願<rt>ねが</rt></ruby>い!! <ruby>商品<rt>しょうひん</rt></ruby>は<ruby>1本<rt>いっぽん</rt></ruby>ごとに<ruby>取<rt>と</rt></ruby>り<ruby>出<rt>だ</rt></ruby>してください。
  부탁드립니다! 상품은 한 개 씩 꺼내주세요.
  반면에 자판기에서 파는 음료는 대체로 길기 때문에, 긴 물건을 세는 단위인 **本(ほん)**을 쓰지요. 꺼내는 구멍이 좁아서 여러 개 동시에 꺼내지 말라는 뜻입니다.

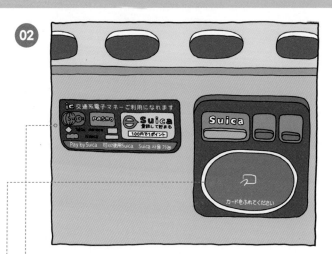

● <ruby>交<rt>こう</rt>通<rt>つう</rt>系<rt>けい</rt>電<rt>でん</rt>子<rt>し</rt></ruby>マネーご<ruby>利<rt>り</rt>用<rt>よう</rt></ruby>になれます 교통계전자머니를 사용하실 수 있습니다

일본은 다양한 교통카드(**交通系ICカード**)가 쓰이고 있습니다만, 그 중 대부분의 카드로 자판기
음료 구매를 할 수 있어요. 그 중 가장 유명한 카드가 Suica와 PASMO카드. 소액이지만 할인
이 되기도 합니다.

● カードをふれてください 카드를 대주세요

● ふれる 접촉하다

돈 넣고 살 때와 다르게
먼저 상품을 고르고
카드를 찍으면 됨!!

군것질 04
생수와 과일음료, 야채음료들

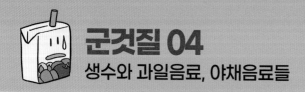

군것질 04
생수와 과일음료, 야채음료들

いらっしゃいませ。
お一人様ですか？
(어서 오세요. 한 분이신가요?)

はい。ひとりです。
(네, 한 명이요.)

ロースカツ定食お願い
します。
(등심돈까스정식 주세요.)

はい。かしこまりました。
(네, 알겠습니다.)

これはご飯が進む味ね…
(이건 밥이 잘 넘어가는 맛이네…)

ロースカツハ〇〇

ヒンガッハ〇〇

うん？待って…
(응? 잠깐만…)

なんで私日本語が
うまいの？
(왜 나 일본어를
잘하지?)

これって
まさか…
(이건 설마…)

야!! 정신차려!!

일어났구나!
다행이야!!

헉!!

아무래도 그 쪽이
잠든 사이에 누가
가져간 듯…

내 책! 내 책은?

주운 책이라며…

하… 일본어를 제대로
배울 수 있는 기회였는데…

저기… 실은요…

아까 당신의 책을 제가 미리
준비한 가짜랑 바꿔치기
해놨지요!

헉! 언제
그런 짓을!!

책을 안 뺏긴 건 좋은데, 덕분에 뭔가 일이 꼬여가는 것 같으니, 차근차근 설명 좀 하시죠?

K의 무기들

이, 이제서야…

당신이 가진 그 책은, 제가 사는 24세기에선 세상의 평화와 균형을 유지해주는 중요한 책이에요.

일본어를 군것질로 배웠습니다만?

그런데 어느 날, 이 책을 노리는 무리들에 의해 신전이 습격을 당하고…

위험을 감지한 우리는 적들이 책을 찾을 수 없도록 21세기의 랜덤한 장소로 책을 보낸 겁니다.

일본어를 군것질로 배웠습니다만?

최초발견자인 당신이 책을 다 읽어야 이 사태가 마무리돼요!

그걸 나보고 믿으라고?! 앙??

정말이에요! 책이 놈들의 손에 넘어가면 24세기는 끝입니다!!

분명 가짜 책이라는 걸 눈치채고 다시 우리를 찾을 거예요!!

To Be Continued...

To Be Continued...

레몬향이 가득한 플레이버워터!!

★**いろはす(I LOHAS)** 이로하스

생수는 ミネラルウォーター라고 합니
다만, 이 제품처럼 겉모습은 생수와 비슷
하지만 최소한의 첨가물을 넣어 풍미를
더한 건강음료는 플레이버워터(フレー
バーウォーター)라고 합니다.

★**塩とレモンエキス入り**
소금과 레몬 진액 함유

일본은 덥고 습해서인지, 염분이 함유된
생수, 사탕 등을 심심찮게 발견할 수 있
습니다. 만약 짠 물을 원하지 않는다면 저
소금이라는 단어를 알고 있어야겠지요.

★**天然水 使用**
천연수 사용

★**夏の塩分補給!**
여름의 염분보급!

단어
- ●**ミネラルウォーター** 생수
- ●**レモン** 레몬
- ●**夏(なつ)** 여름
- ●**補給(ほきゅう)** 보급
- ●**塩(しお)** 소금
- ●**エキス** 진액, 엑기스
- ●**塩分(えんぶん)** 염분

남알프스 깊은 산속의 천연수!

★南アルプスの天然水
みなみ　　　　　てんねんすい

남알프스의 천연수

유럽의 알프스산맥과는 연관이 없고, 일본
야마나시현 서부에 있는 지명으로 수원지가
그 동네에 있다고 합니다.

★Yes! リサイクル No! ポイ捨て
す

Yes! 재활용 No! 불법투기

쓰레기를 '휙 하고 버리다'라는 뜻인
ポイっと捨てる가 줄여져서 ポイ捨て라는
단어가 되었습니다.

단어
- **リサイクル** 재활용
- **捨(す)てる** 버리다

스포츠 드링크 메이지 바무 워터!

★あと味スッキリ
뒷맛! 산뜻해요

★運動で、体脂肪を燃やす
운동으로, 체지방을 태운다

★汗で失われがちな電解質をプラス
땀으로 잃어버리기 십상인 전해질을 더했다

電解質(전해질)은 물 등의 용매에 녹아서 이온으로 해리되어 전류를 흐르게 하는 물질이라고 합니다. イオン(이온)과 연관이 있는 말이라고 생각하시면 됩니다.

단어

● あと味(あじ) 뒷맛
● 運動(うんどう) 운동
● 燃(も)やす 불태우다
● 失(うしな)う 잃다

● スッキリ 산뜻한 모양, 깔끔한 모양
● 体脂肪(たいしぼう) 체지방
● 汗(あせ) 땀
● ～がちな ~하기 십상인

이온음료 2 스포츠 워터

빠른 시간에 목마름을 달래주는 스포츠 워터!

★渇いた<ruby>渇<rt>かわ</rt></ruby>いたカラダに<ruby>瞬間<rt>しゅんかん</rt></ruby>チャージ
목마른 몸에 순간충전

가타카나는 대체로 외래어를 표기할 때 쓰지만, 그림 속
카라다처럼 순수 일본어지만 해당 단어를 강조하고
싶을 때, 혹은 옆 그림의 스즈메바치처럼 한자로 쓰기에
복잡하거나 덜 알려진 한자일 때 쓰기도 합니다.

★SPORTS WATER(スポーツウォーター)
스포츠 워터

풋카삿포로(ポッカサッポロ)의 스포츠 드링크.

 단어
- ●渇(かわ)く 목이 마르다
- ●瞬間(しゅんかん) 순간
- ●体(からだ) 몸
- ●チャージ(charge) 충전

BOKKA Ⓑ SPORTS WATER 渇いたカラダに瞬間チャージ

목욕 후 갈증도 단번에 해결해주는 이온 음료, 포카리 스웨트!

★水^{みず}に溶^とかして飲^のむスティックタイプ
물에 녹여 먹는 스틱타입

★甘^{あま}さひかえめ
단 맛이 적음

★スッキリした後味^{あとあじ}
산뜻한 뒷맛

두 페이지 전에 나온
あと味スッキリ의 단어 앞뒤를
바꾼 표현입니다.

★ホットでも飲^のめる
뜨겁게도 마실 수 있다

한국인이 일본어를 배울 때 어려워
하는 것 중 하나가 바로 외래어표기
법입니다. HOT은 ホット가 되고,
McDonald는 マクドナルド가 되지
요. 飲める는 飲む의 가능형입니다.

水に溶かして飲むスティックタイプ

POCARI
SWEAT

ION
WATER

甘さひかえめ

スッキリした後味

ホットでも飲める

1本4.5g(150ml用)×8本

OPEN >>>>>>>>>

POCARI
SWEAT
ION
WATER

ホットでも
飲めます。

단어
● 溶(と)かす 녹이다, (물 등에) 녹이다   ● 飲(の)む 마시다
● ひかえめ 양 혹은 정도가 적음

최고로 시큼하다는 탄산음료, 그린레몬!

★ク<ruby>エ<rt>さん</rt></ruby>ン酸 濃度 6 倍
★クエン酸 濃度 6 倍

구연산 농도 6배

구연산은 밀감류에 많이 함유된 무색
무취의 결정으로, 과일 신맛의 주성분
이라네요.

★最高に酸っぱい。

최고로 시다.

酸っぱい는 음식의 맛을
나타내는 대표적인 표현 중
하나. 신 맛을 즐긴다면, 혹은
싫어한다면 저 한자를
꼭 알아둡시다.

★三ツ矢ブランド

미츠야 브랜드

저 화살끝 3개가 붙어 있는 마크는
미츠야 사이다의 트레이드마크.
三ツ矢라는 이름대로 화살(矢)이
세 개(三つ) 붙어 있네요.

★炭酸ガス入り

탄산가스 함유

탄산음료 2 몸이 기뻐하는 이로하스

몸이 좋아라 하는 탄산음료!

★体_{からだ}にうれしい いろはす

몸이 기뻐하는 이로하스

결론적으로 '몸에 좋다' 혹은 '몸에 해롭지는 않다'
라는 걸 전달하고 싶은 문구인데, いい(좋다)라는
일반적인 표현 대신에 うれしい(즐겁다, 기쁘다)
라는 표현을 썼습니다. いろはす도 종류가 매우
많아서, 여행 중에 이래저래 신세지는 브랜드랍니다!

★炭酸水_{たんさんすい} 탄산수

★天然水使用_{てんねんすいしよう}
천연수 사용

★脂肪_{しぼう}の吸収_{きゅうしゅう}を抑_{おさ}える
지방의 흡수를 억제한다

単어
- **うれしい** 즐겁다, 기쁘다
- **吸収(きゅうしゅう)** 흡수
- **脂肪(しぼう)** 지방
- **抑(おさ)える** 억누르다, 억제하다

과일음료 1 스위트오렌지&온주밀감100%

상품명대로 오렌지와 밀감이 100% 들어 있는 과일음료!

★賞味期限 <small>しょうみ きげん</small> 유통기한

★スイートオレンジ&
温州みかん100% <small>うんしゅう</small>
스위트오렌지&온주밀감 100%

일본에서는 과즙이 100%가 아니면
주스(ジュース)라는 표현을 못 쓴다고
하네요.

★甘みたっぷりの完熟オレンジ <small>うま</small> <small>かんじゅく</small>
단맛 듬뿍 들어간 완숙 오렌지

★果汁100% 濃縮還元 과즙 100% 농축환원 <small>かじゅう</small> <small>のうしゅくかんげん</small>

과일음료는 크게 두 가지로 분류됩니다. 하나는 농축과
즙에 첨가물을 섞은 濃縮還元, 그리고 직접 짜낸 ストレ
ート(스트레이트).

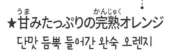

과일음료 2 아침의 과일 이거 하나로

 간단하게 하루 비타민C를 섭취할 수 있는 과일음료!

★30品目の果実
30품목의 과일

★朝のフルーツこれ一本
아침의 과일 이거 하나로

희석용 커피 편에서도 나온 표현이지만,
이 제품 역시 패키지가 가늘고 길다는
의미로 一本이라는 단위를 사용했네요.

단어 　●品目(ひんもく) 품목　　　●果実(かじつ) 과실, 과일
　　　　●朝(あさ) 아침　　　　　●フルーツ 과일

7가지 비타민이 들어 있는 야채음료!

★りんご風味ですっきりおいしい
_{ふう み}

사과풍미로 산뜻하게 맛있다

야채주스지만 맛을 위해 베이스에 사과맛을 깔아 놨다는 뜻입니다.

★マルチビタミン

멀티 비타민

바로 아래에 적힌 알파벳 나열로 유추할 수 있지요?

★野菜足りてますか?
_{や さいた}

야채, 충분한가요?

원래는 足りていますか?가 옳은 표현입니다만, 구어체에선 가운데 い가 생략되기도 합니다. 패키지에 텍스트가 들어갈 공간이 부족해서 생략한 것일수도 있겠군요.

 단어

● りんご 사과
● マルチ(multi) 멀티
● 野菜(やさい) 야채

● 風味(ふうみ) 풍미
● ビタミン 비타민
● 足(た)りる 족하다, 충분하다

가볍게 하루 분량의 야채를 섭취할 수 있는 야채음료!

★<ruby>管理栄養士推奨<rt>かん り えいよう し すいしょう</rt></ruby>
관리 영양사 추천

★<ruby>理想の栄養<rt>り そう えいよう</rt></ruby>バランス
이상적인 영양밸런스

★<ruby>1日分の野菜<rt>いちにちぶん や さい</rt></ruby>
하루 분량의 야채

★<ruby>野菜350g分使用<rt>や さい ぶん しょう</rt></ruby>
야채350g분량 사용

★ビタミンC、カルシウム、β-カロテン、
マグネシウム、カリウム
비타민C, 칼슘, 베타카로틴, 마그네슘, 칼륨

단어

● 推奨(すいしょう) 추천하여 권장함
● 理想(りそう) 이상, 생각할 수 있는 가장 완전한 상태
● 栄養(えいよう) 영양
● バランス 균형, 밸런스

야채음료 3 야채생활 100 스무디

야채주스, 카고메 야채생활 100 스무디!

★グリーンスムージー
그린 스무디

영어의 th발음(번데기발음)을 한국에서는 d발음으로 하는 경우가 많지만 일본에서는 s, j, z 등 다양한 발음으로 표기합니다. 대표적인 예로 The는 한글로는 '더'이지만 일본에선 ザ로 통하지요.

★野菜生活100
야채생활 100

★砂糖・甘味料・添加物
설탕, 감미료, 첨가물
無添加 무첨가

제품 성분을 확인하고 싶다면 꼭 알아둬야 하겠지요?

★1/2日分の野菜
＋しっかり食物繊維
1/2일분의 야채
+제대로 식이섬유 섭취

しっかり는 사물이 단단하고 견고한 모양, 생각이 확고한 모양을 나타냅니다.

단어

● **しっかり** 단단히, 꼭, 똑똑히, 확고히
● **砂糖(さとう)** 설탕
● **添加物(てんかぶつ)** 첨가물
● **食物繊維(しょくもつせんい)** 식이섬유
● **甘味料(かんみりょう)** 감미료
● **無添加(むてんか)** 무첨가

저당, 저칼로리 타입의 마시는 요구르트 LG21!

★LG21
나쁜 균과 싸운다는 유산균 이름
을 딴 제품!

★ドリンクタイプ
드링크타입

요구르트는 떠먹는 타입이 일반
적이라는 인식 때문에, 음료타입
은 이렇게 따로 명시를 합니다.
어떤 타입인지 적혀 있지 않으면
떠먹는 타입이겠지요.

★低糖·低カロリー
저당, 저칼로리

당분과 칼로리에 신경 쓰고 있다
면, 이 단어들을 꼭 알아둡시다.

★リスクと戦う乳酸菌
리스크와 싸우는 유산균

위염, 위궤양 등의 원인균으로
간주되는 ピロリ菌(필리로균)과
싸운다고 합니다.

★要冷蔵 (10℃以下)
냉장보관 (10℃이하)

여기서의 要는 '필요'라는 뜻
으로, '냉장할 필요가 있다'라
는 뜻이 됩니다.

단어

- **タイプ** 타입
- **リスク** 리스크, 위험
- **乳酸菌(にゅうさんきん)** 유산균
- **冷蔵(れいぞう)** 냉장

- **カロリー** 칼로리
- **戦(たたか)う** 싸우다, 전쟁하다
- **ピロリ菌(きん)** 필로리균
- **以下(いか)** 이하

보기만 해도 속이 편안해지는 메이지 마시는 요구르트!

★ブルガリア 불가리아

★のむヨーグルト
마시는 요구르트

옆에서 언급된 드링크타입
와 같은 표현입니다.

★プレーン
플레인

★おなかの調子を良好に保つ
뱃속 상태를 양호하게 유지한다

단어
- ●飲(の)む 마시다
- ●おなか 배
- ●良好(りょうこう) 양호
- ●ヨーグルト 요구르트
- ●調子(ちょうし) 상태
- ●保(たも)つ 가지다, 지니다, (상태를) 유지하다

유산균음료 3 칼피스 워터

 쿨피스가 아니에요, 칼피스예요!

★カルピスウォーター
칼피스 워터

칼피스 워터가 아니라 그냥 칼피스(칼피스)는 희석용 제품(물에 타서 마시는 타입)이니 구입시 주의!!

★乳酸菌と酵母の生みだすチカラ
유산균과 효모가 만들어내는 힘

(단어)
- ●ウォーター(water)、水(みず) 워터, 물
- ●酵母(こうぼ) 효모, 누룩
- ●生(う)みだす 낳다, 새로 만들어내다
- ●力(チカラ、ちから) 힘

젤리음료 1 하루 분량의 비타민

하루에 필요한 비타민이 들어 있는 하루 분량의 비타민!

★<ruby>1日分<rt>いちにちぶん</rt></ruby>のビタミン
하루 분량의 비타민

★<ruby>人工甘味料不使用<rt>じんこうかんみりょうふしよう</rt></ruby>
인공 감미료 미사용

인공감미료를 사용하지 않았다는
것인데요. 일반적으로 '미사용'에
해당하는 단어 未使用(みしよう)
는 '아직 쓰지 않았다. 앞으로는 쓸
지도 모른다'라는 뉘앙스가 있는
반면, 본문의 不使用(ふしよう)는
'지금까지 안 썼고 앞으로도 안 쓸
것이다'라는 뉘앙스입니다.

★グレープ
フルーツ<ruby>味<rt>あじ</rt></ruby>
자몽맛

★<ruby>果汁<rt>かじゅう</rt></ruby>10%<ruby>未満<rt>みまん</rt></ruby>
과즙 10% 미만

★<ruby>食生活<rt>しょくせいかつ</rt></ruby>は、<ruby>主食<rt>しゅしょく</rt></ruby>、<ruby>主菜<rt>しゅさい</rt></ruby>、<ruby>副菜<rt>ふくさい</rt></ruby>を<ruby>基本<rt>きほん</rt></ruby>に、<ruby>食事<rt>しょくじ</rt></ruby>のバランスを。
식생활은 밥, 반찬을 기본으로 하여, 식사의 균형을 (맞춥시다).

主食는 쌀밥, 면, 빵 등의 탄수화물, 主菜는 단백질이 든 고기, 생선, 달걀 등, 副菜는 비타민, 미네랄,
식이섬유를 취할 수 있는 야채, 버섯, 해초류 등을 말합니다. 즉, 이 제품을 섭취하되 식사는 제대로
챙겨먹으라는 뜻이지요.

단어
● 全(ぜん)~ 모든, 모두, 전체
● 未満(みまん) 미만
● 整(ととの)える 바르게 하다, 가지런히 하다
● 基本(きほん) 기본

젤리음료 2 아침바나나

 아침대용으로 좋은 젤리음료, 아침바나나!

★朝バナナ
아침바나나

★ヨーグルト1個分のカルシウム
요구르트 1개 분량의 칼슘

어떤 크기의 요구르트를 말하는 것인지는 모르겠지만, 어쨌거나 몸에 좋다는 것을 어필하기 위해 자주 나오는 표현이지요. 그리고 일반적으로 사물을 셀 때 쓰는 단위인 個가 나왔습니다. 다른 특별한 세는 법이 기억나지 않아도, 個를 쓰면 대체로 뜻은 통합니다. 물론 사람한테 쓰면 안 되겠지만요.

★バナナ2本分のエネルギー
바나나 2개 분량의 에너지

★1食分のマルチビタミン
한 끼 분량의 멀티비타민

단어
● カルシウム 칼슘
● ～分(ぶん)の ~개 분량의
● エネルギー 에너지

드링크제 1 울금의 힘

 울금이 들어간 숙취해소용 음료!

★ウコンの力 울금의 힘

숙취해소용 드링크제입니다. 드링크제는
ドリンク剤(ざい)라고 하죠.

★さらっとマイルドな飲み口
산뜻하게 부드러운 맛

口는 물론 '입'이라는 뜻이지만, 여기서는 飲む
뒤에 붙으며 '(음료가 입에 닿을 때의) 맛'이라는
뜻으로 쓰였습니다. 드링크제가 입을 통과하면
서, 산뜻하고 부드러운 느낌을 준다는 뜻이지요.

★会食やパーティーに
회식 혹은 파티에

 단어
- ●ドリンク剤(ざい) 드링크제
- ●会食(かいしょく) 회식
- ●マイルド(mild) 마일드, 순함, 부드러움
- ●パーティー 파티

드링크제 2 리포비탄D

피로회복, 영양보충에 도움을 주는 리포비탄D!

★滋養強壯·栄養補給
(じ ようきょうそう えいよう ほ きゅう)
자양강장, 영양보급

★リポビタンD
리포비탄D

옛날엔 이런 거 왜 마시나 했는데, 요즘엔 없으면 못 살아…

★指定医薬部外品
(し てい い やく ぶ がいひん)
지정 의약부외품

2009년 6월 1일 실시된 약사법개정에 따라, 후생노동성장관이 지정한 의약부외품을 말합니다. 의약품이 아니기 때문에 일반소매점에서도 구매할 수 있습니다.

★現代社会の疲れに
(げんだいしゃかい つか)
현대사회의 피로에

드링크제 3 초콜라 BB 라이트

 비타민B2 드링크제, 초콜라 BB 라이트!

★1びん4.5kcal
한 병에 4.5키로칼로리

병을 셀 때 쓰는 단위는 びん(瓶)이라는 것!

★Chocola BB Light(チョコラBBライト)
초콜라 BB 라이트

★勉強^{べんきょう}、仕事^{しごと}、家事^{かじ}などのちょっとした疲れ^{つか}に
脂肪^{しぼう}の代謝^{たいしゃ}を助け^{たす}エネルギーにかえるビタミ
ンB2配合^{はいごう} 공부, 업무, 집안일 등 작은 피로에 지방
의 대사를 도와 에너지로 바꾸는 비타민B2 배합

본인이 원하는 영양소가 뭔지를 알고 있다면, 이런 드링크
제를 고를 때 수월하겠죠!

단어	
●勉強(べんきょう) 공부	●仕事(しごと) 일, 업무, 직업
●家事(かじ) 가사, 집안일	●ちょっとした 평범한, 대수롭지 않은
●助(たす)ける 돕다	●変(か)える 바꾸다

K의 말대로 챕터4를 독파하고 나왔습니다.

이번에도 많은 공부가 되었어…

응?

헉!! 아까는 갖은 폼을 다 잡더니!!

음료수 몇 개 사는데 뭔 시간이 이리 오래 걸리나??

자, 그 책을 어서 내놓으시죠.

24세기 후손들 문제를 21세기 조상님께서 참견하시면 안 되잖아요?

어, 어쩌지…

무서운 아저씨 앞에서 겁먹은 나! 과연 지구의 미래는?

보너스
영양성분표시 속 일본어

지금까지 주로 패키지의 앞면만 살펴봤는데요, 이번에는 뒷면을 살펴볼 시간!
주로 영양성분표시와 원재료명, 유통기한이 적힌 위치, 보관방법 등 중요한 정보들이 적혀
있습니다. 그러니 일본어가 빽빽하다고 외면하지 말고, 자신 있게 뒷면을 확인해보기!

● 栄養成分表示(100ml当り) 영양성분표시(100ml당)
주요 영양성분 표시는 다음 페이지를 참고해주세요.

● 名称 명칭, 식품유형
어떠한 유형의 식품인지를 알 수 있습니다.

● 原材料名 원재료명

● 内容量 내용량

● 賞味期限 유통기한
유통기한표기가 패키지 어느 위치에 적혀 있는지를 알려줍니다.

● 保存方法 보관방법
냉장보관일지 냉동보관일지, 혹은 직사광선을 피해
서늘한 곳에 보관일지를 알 수 있는 자리입니다.

● 販売者 판매자, 판매원
이 제품을 판매하는 회사명과 주소지가 적혀 있습니다.

주요 영양성분 표시

エネルギー / 熱量(ねつりょう) 열량	たんぱく質(しつ) 단백질
脂質(ししつ) 지방	炭水化物(たんすいかぶつ) 탄수화물
食塩相当量(しょくえんそうとうりょう) *식염상당량	ナトリウム 나트륨
カリウム 칼륨	カルシウム 칼슘
マグネシウム 마그네슘	リン 인
鉄(てつ) 철분	亜鉛(あえん) 아연
ビタミン 비타민	コレステロール 콜레스테롤
食物繊維(しょくもつせんい) 식이섬유	葉酸(ようさん) 엽산

＊ 식염상당량(食塩相当量)이란, 식품에 함유된 나트륨의 양을 식염의 양으로 환산한 것.
나트륨(mg) ＊ 2.54/1000＝식염상당량(g)

그거 알지? 맛있게 먹으면 0칼로리인 거!!

スーパーソフト
ショコラ&バニラ
184円

森永製菓
アイスボックス

군것질 05
아이스와 디저트들

군것질 05
아이스와 디저트들

23XX년, 비밀정보국

K, 국장님이 찾으시던데?
어서 가봐.

들었어?
K가 임무를 맡게
되어서 21세기로
간데, 보낼 요원이
그렇게도 없나?

그나저나 K
저 친구 누구랑
닮지 않았니?
그 있잖아…

간만의 임무!
그 동안 나를 깔보던
녀석들, 두고 봐라…

코를 아주
납작하게 만들어
주겠어…

다시 현재…

스미마셍! 스미마셍!!

궁지에 몰리니 일본어가 나오고 있어…

이봐요! 독서 엄청 느린 아저씨!

누가 독서가 느려! 동기들 중에서는 내가 제일 빨라!!

이따이요~

이 책, 아저씨한테 넘길게요.

그러니 K랑 내 친구 미설이는 풀어주세요!

뭐, 뭐라고??!

그래, 진작 그렇게 나왔어야지. 후후.

안 돼! 책을 넘기면 안 돼!

결국 나쁜 아저씨에게 책을 넘기고 말았습니다.

책을 넘기면 어떡해요! 이젠 가망이 없어! 우린 이제 망했다고요!!

가망이 없는 게 아니야. 이게 바로 최종단계야…

뭔 소리야!!

그나저나 배고프지 않아? 뭐 좀 먹으러 가자…

아, 네…

저기… 친구분 뭔가 수상해요. 갑자기 왜 저러지?

그러게… 하지만 일단 밥을 사줄 것 같으니 따라가자.

To Be Continued...

아이스 1 가리가리군 소다맛·가리가리군 수박맛

저렴한 가격의 국민아이스, 가리가리군!

★<ruby>種類<rt>しゅるい</rt></ruby><ruby>別<rt>べつ</rt></ruby> <ruby>氷菓<rt>ひょうか</rt></ruby> 종류별 빙과

★ガリガリ<ruby>君<rt>くん</rt></ruby>ソーダ
가리가리군 소다

소다는 ソーダ가 아니라 중간에 장음을 넣은 ソーダ라는 것. 매회 우리 한국인들의 발목을 잡는 장음표기입니다만, 실제 영어 발음기호를 따져보며 이해하는 방법 외에는 없습니다.

★スイカ 수박

すいか는 한자표기를 거의 하지 않고 히라가나 혹은 가타카나로 표기합니다.

★<ruby>当<rt>あ</rt></ruby>たりスティックが<ruby>出<rt>で</rt></ruby>たらもう<ruby>一本<rt>いっぽん</rt></ruby>!
당첨 스틱이 나오면 한 개 더!

当たり는 当たる의 명사형으로 '당첨'이라는 뜻입니다. 참고로 반대말인 '꽝'은 はずれ라고 하지요.

★<ruby>無果汁<rt>むかじゅう</rt></ruby> 무과즙

 단어

● ガリガリ 으드득으드득, 단단한 것을 씹거나 긁을 때 나는 소리

● 当(あ)たり 명중, 당첨   ● もう 더

● すいか 수박

가리가리군 고급버전, 가리가리군 리치!

★ほとばしる<ruby>青春<rt>せいしゅん</rt></ruby>の<ruby>味<rt>あじ</rt></ruby>
솟구치는 청춘의 맛

★ガリガリ<ruby>君<rt>くん</rt></ruby>Rich! レアチーズ<ruby>味<rt>あじ</rt></ruby>
가리가리군 리치! 레어치즈맛

★T シャツ<ruby>当<rt>あ</rt></ruby>たる!
티셔츠를 드립니다!

본문을 직역하면 '티셔츠 당첨됩니다!'가 되네요. 선물 증정 이벤트에서 빠짐없이 등장하는 표현입니다.

★イラストはイメージです。
일러스트는 이미지입니다.

위 일러스트는 그저 이미지일 뿐. 실제 치즈케이크를 먹는 느낌이 나지는 않을 것이다. 그러니 딴지 걸지 말아라, 뭐 이런 뜻입니다.

단어
- ●ほとばしる 솟구치다. 샘솟다
- ●イラスト 일러스트
- ●青(あお)りんご 청사과
- ●青春(せいしゅん) 청춘
- ●イメージ 이미지
- ●ヨーグルト味(あじ) 요구르트맛

아이스 3 엣셀 슈퍼컵 초 바닐라

 떠 먹는 바닐라 아이스크림의 왕도, 엣셀 슈퍼컵!

★バニラの王道 바닐라의 왕도
<small>おうどう</small>

王道는 '쉬운 방법, 지름길'이라는 뜻인
데, 여기서는 '많은 사람들이 선택하는
길'이라고 볼 수 있습니다.

★明治 エッセルスーパーカップ
<small>めいじ</small>

메이지 엣셀 슈퍼컵

★超バニラ 초 바닐라
<small>ちょう</small>

超라는 한자의 원래 뜻은 '뛰어넘다'인데,
보통 이런 곳에서는 접두어로 대상을 강
조하는 역할로 쓰입니다. 다르게 말하면
강조하는 것 말고 다른 의미는 없다…가
되겠네요. 그냥 바닐라가 아니라 엄청나
게 맛있는 바닐라라는 것이지요.

(단어)
- ● バニラ 바닐라
- ● 王道(おうどう) 왕도, 쉬운 길, 편한 방법

아이스 4 엣셀 슈퍼컵 쿠키 바닐라

부드럽고 특유의 감칠맛을 즐길 수 있는 엣셀 슈퍼컵 쿠키 바닐라!

★クッキーバニラ
쿠키 바닐라

★クッキーが新(あたら)しくなりました
쿠키가 새로워졌습니다

소비자들은 뭐든 '새로운 것'에 끌리는 법.
여기서 쿠키가 새로워졌다는 게 대체 무슨
소리인지 모르겠습니다만, 그냥 우리는
형용사 新しい와 ~くなる가 결합된
표현만 알고 지나가면 됩니다.

★ラクトアイス 락토 아이스

일본에서 판매되는 아이스크림류는, 우유 고형분과 유지방분의 함유량에 따라서 아이스크리
ーム, 아이스밀크, 락토아이스로 나뉩니다. 그 중 락토아이스는 우유 고형분이 가장 낮은
(3.0%~) 아이스크림으로, 우유의 깊은 풍미는 가장 적으나 시원하고 산뜻한 식감이 특징이지요.

단어
● 新(あたら)しい 새롭다
● ～くなる (형용사 어미 い를 빼고 붙여서) ~해지다

달달한 초코모나카 점보!

★チョコモナカジャンボ
초코모나카 점보

★パリパリッ! 바삭바삭!
발음은 빨리빨리!랑 비슷하지만, 잘 씹히는 바삭한 것을 깨무는 소리를 나타내는 표현입니다.

★アイスミルク 아이스밀크
바로 전 페이지에서 ラクトアイス라는 표현이 나왔습니다만, 이건 그 바로 위 단계. 우유 고형분이 10.0% 이상 함유된 아이스크림류를 말합니다.

★写真は拡大しています
사진은 확대한 것입니다

사진에 보이는 아이스크림이 실제크기가 아니라는 뜻이지요. 왜 내용물이 사진보다 작아요? 라고 딴지를 거시는 분들이 많으신가 봅니다.

단어
● 写真(しゃしん) 사진
● 拡大(かくだい) 확대

민트매니아들을 만족시킬 가득만족 초코민트!

★ぎっしり満足! チョコミント

가득 차서 만족! 초코민트

ぎっしり는 '빈틈없이 꽉 찬 모양'을 나타내는 표현. 비슷한 표현으로 いっぱい가 있습니다만, いっぱい는 '단순히 양이 많은 상태'라는 뜻도 내포하고 있습니다.

★あけくち 여는 곳

あける(열다)와 くち(입)을 합친 단어. 口(くち)는 '입'이라는 뜻 외에도 '입구, 초입'이라는 뜻도 있습니다.

> 단어
>
> ●**ぎっしり** 가득, 잔뜩
>
> ●**満足(まんぞく)** 만족

아이스 7 유키미 다이후쿠

일본판 찹쌀떡 아이스크림, 유키미 다이후쿠!

★雪見だいふく 유키미 다이후쿠

雪見는 '눈(雪)을 본다(見)'라고 해서 눈 구경. 비슷한 표현으로 '꽃(花)을 본다(見)'라고 써서 花見(はなみ)라고 쓰면 꽃구경(대체로 벚꽃구경)이 되지요. だいふく는 팥이나 밤앙금을 채워 넣은 일본식 찹쌀떡을 말합니다.

★雪見で、ふくを呼ぼう。
눈 구경 하면서, 복을 부르자.

だいふく의 ふく랑 '복'이라는 뜻의 福(ふく)가 같은 글자라는 것을 이용한 일종의 언어유희. 呼ぼう는 1그룹동사 呼ぶ(부르다)의 권유형. 끝 글자 ぶ를 お형인 ぼ로 바꾸고 맨 뒤에 う를 붙였습니다.

단어
- **雪見(ゆきみ)** 눈 구경
- **福(ふく)** 복, 행복
- **呼(よ)ぶ** 부르다

일본판 인절미 아이스, 야와모찌 아이스!

★わらびもち
와라비모찌, 고사리 떡

★やわもちアイス 야와모찌 아이스
우리 할머니가 '모찌떡 모찌떡' 하셨던 게 다
이유가 있었어…

★ぷるるん感をアップしました
탱탱한 느낌을 더했습니다

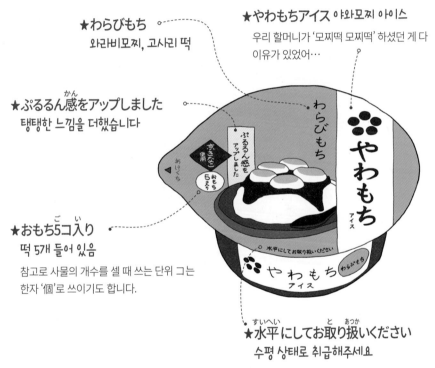

★おもち5コ入り
떡 5개 들어 있음

참고로 사물의 개수를 셀 때 쓰는 단위 コ는
한자 '個'로 쓰이기도 합니다.

★水平にしてお取り扱いください
수평 상태로 취급해주세요

단어
● ぷるるん 탱탱한 모양, 탄력 있는 모양
● 水平(すいへい) 수평
● 取(と)り扱(あつか)い 취급

북해도산 비비빅?

★100%北海道産小豆・砂糖・塩で作りました
100% 홋카이도산 팥, 설탕, 소금으로 만들었습니다

★あずきたっぷり、まろやか
팥이 듬뿍, 부드러움

★安定剤、着色剤、香料は使用しておりません。
안정제, 착색제, 향료는 사용하지 않았습니다.

단어		
●小豆(あずき) 팥		●安定剤(あんていざい) 안정제
●たっぷり 듬뿍		●着色剤(ちゃくしょくざい) 착색제
●まろやか 부드러움, 순함		●香料(こうりょう) 향료

포도알모양 아이스!

★ねっとり仕立(した)て
쫀득쫀득하게 만들었음

★さわらずに食(た)べられます
손대지 않고 먹을 수 있습니다
동사 뒤에 ず가 붙으면 ない랑 같은
의미. 즉 "~하지 않음"이라는 문어적
표현이 됩니다.

★アイスの実(み) 아이스의 열매
実는 (じつは, 실은…)라는 표현으로
자주 보는 한자입니다만, '열매'라는
표현으로 쓰일 때는 훈독인 み로
읽습니다.

★濃(こ)いぶどう 진한 포도

단어
● ねっとり 끈적끈적, 쫀득쫀득
● 仕立(した)て 만드는 일, 만듦
● さわる 만지다
● 実(み) 열매

인생푸딩, 모리나가 야키푸딩!

★愛され続けてNo.1!
쭈욱 사랑 받아오며 No.1!

★焼プリン 구운 푸딩
이제 음식이나 요리 이름에 焼가
들어가 있으면 불로 구운
음식이라는 것, 아시겠죠?

★開封後はすぐにお召しあがりください。
개봉 후에 바로 드셔주세요.

召しあがる는 たべる(먹다)의 높임말. 이 표현 자체가 높임말이기
때문에 자동으로 お〜ください(~해주세요)가 따라오는 것이지요.

단어
- ●続(つづ)ける 계속하다
- ●すぐ 바로, 곧
- ●開封(かいふう) 개봉
- ●召(め)しあがる 잡수시다

진하고 고급진맛, 카스타드 푸딩!

★カスタードプリン
카스타드 푸딩

★くちどけプレミアム
입에서 살살 녹는 프리미엄

くち(입)과 とける(녹다)가 합쳐져서 くち
どけ가 되었네요. 입에서 살살 녹는다는
소리지요. 그리고 일본은 음식이든 어디
든 프리미엄라는 표현을 자주 씁니다.
'우리 제품 고급이에요~'정도로 이해하시
면 될 듯.

★のうこうかん**濃厚感アップ**
농후함을 더했습니다

★イメージ図ず
이미지그림
수저로 뜬 저 사진은 실물이 아니라 이미지로
만든 그림일 뿐. 図라는 표현 말고 イラスト라는
표현을 쓰기도 합니다.

단어
● **口(くち)どけ** 입에서 살살 녹음
● **図(ず)** 그림

푸딩과 소스가 분리된 아포가토풍 푸딩!

★ Rich Sauce+アフォガート<ruby>風<rt>ふう</rt></ruby>プリン

리치소스 플러스 아포가토풍 푸딩

소스와 푸딩을 직접 더해서 드세요, 라는 의미의 제품명. 한자 風는 かぜ라고 읽으면 '바람', 명사 뒤에 붙어 ふう라고 읽으면 '~풍(style)'이 됩니다.

★バニラプリン＋エスプレッソソース

바닐라푸딩+에스프레소 소스

가타카나가 무자비하게 길게 이어져 있지만, 용기를 내서 읽어봅시다.

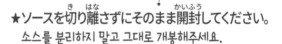

★<ruby>賞味期限<rt>しょう み き げん</rt></ruby> 유통기한

★ソースを<ruby>切<rt>き</rt></ruby>り<ruby>離<rt>はな</rt></ruby>さずにそのまま<ruby>開封<rt>かい ふう</rt></ruby>してください。

소스를 분리하지 말고 그대로 개봉해주세요.

단어

● 賞味期限(しょうみきげん) 유통기한

● 切(き)り離(はな)す 분리하다, 잘라내다

● そのまま 그대로

● 開封(かいふう)する 개봉하다

디저트/스위츠 4 호로니가 커피젤리

 적당한 단맛에 쌉쌀함을 더한 탱글탱글한 커피젤리!

★クリームが飛(と)び散(ち)らないようにゆっくりOPEN
크림이 튀지 않도록 천천히 OPEN

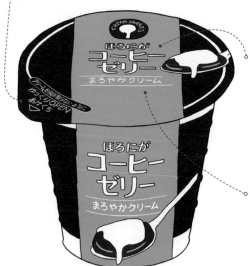

★ほろにがコーヒーゼリー
쌉싸름한 커피젤리

명사나 형용사 앞에 ほろ가 붙으면
'살짝~'이라는 뜻이 됩니다. 한국에서도
쉽게 볼 수 있는 일본술 '호로요이'의
ほろ도 같은 뜻으로 쓰였지요. 호로요이는
'살짝 취함'이라는 뜻입니다.

★まろやかクリーム 순한 크림

 단어

- ● ほろ苦(にが)い 쌉싸름하다
- ● まろやか 부드러움, 순함
- ● 飛(と)び散(ち)る 사방에 흩날리다, 튀다
- ● ゆっくり 천천히

떠먹는 양갱, 물양갱!

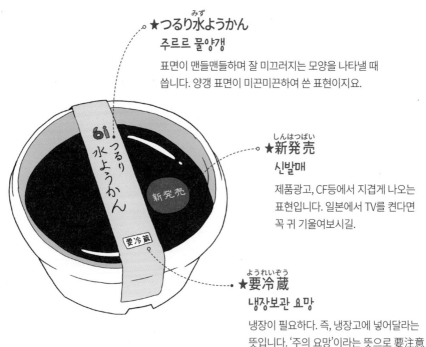

★つるり水ようかん
（みず）

주르르 물양갱

표면이 맨들맨들하며 잘 미끄러지는 모양을 나타낼 때
씁니다. 양갱 표면이 미끈미끈하여 쓴 표현이지요.

★新発売
（しんはつばい）

신발매

제품광고, CF등에서 지겹게 나오는
표현입니다. 일본에서 TV를 켠다면
꼭 귀 기울여보시길.

★要冷蔵
（ようれいぞう）

냉장보관 요망

냉장이 필요하다. 즉, 냉장고에 넣어달라는
뜻입니다. '주의 요망'이라는 뜻으로 要注意
라는 말도 자주 씁니다.

단어
- ●羊羹(ようかん) 양갱
- ●冷蔵(れいぞう) 냉장
- ●新発売(しんはつばい) 신발매
- ●要注意(ようちゅうい) 주의 요망

달달하고 고소한 행인두부!

★<ruby>濃厚<rt>のうこう</rt></ruby> 농후

이미 여러 번 등장한 표현이지만, 그만큼 중요
하다는 뜻에서 다시 한 번.

★とろける<ruby>杏仁豆腐<rt>あんにんどうふ</rt></ruby>
살살 녹는 행인두부

杏仁豆腐(행인두부)는 베이징과 홍콩에서
주로 먹는 디저트로, 아몬드 밀크로 만든
디저트라고 합니다. 두부처럼 하얗고
말캉말캉해서 '두부'라는 이름을 가지게
되었다고 합니다.

 단어
- **とろける** 살살 녹다
- **杏仁豆腐(あんにんどうふ)** 행인두부

모두가 추천하는 달달하고 쫀득쫀득한 로손 모찌 식감 롤!

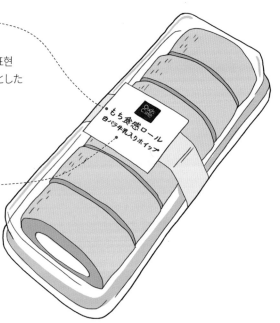

★もち食感ロール
しょっかん

모찌 식감 롤

찹쌀떡처럼 탄력 있고 부드러운 모양을 표현
할 때 もちもち라고 하는데, もちもちっとした
食感(쫀득쫀득한 식감)을 줄여서
もち**食感**이라고 표현했어요.

★白バラ牛乳入りホイップ
しろ　　ぎゅうにゅう　い

시로바라 우유가 들어간 휩

白バラ牛**乳**는 돗토리현 다이센유업
농업협동조합에서 생산되는 우유브랜
드. 이런 식으로 편의점에서 파는 PB제
품을 보면, 유명한 혹은 유명하다는 브
랜드명 혹은 원산지명을 제품 앞부분
에 크게 표기하는 경우가 많습니다.

단어

● **もちもち(モチモチ)** (주로 음식에 대하여) 부드럽고 끈기가 있는 모양, 탄력성이 있는 모양

● **食感(しょっかん)** 식감

● **ロール** 롤

폭신폭신하고 촉촉한 로손 프리미엄 롤 케이크!

★スプーンで食べるプレミアムロールケーキ
스푼으로 먹는 프리미엄 롤 케이크

조사 で는 많은 뜻을 지니고 있습니다만, 여기서는 수단, 방법의 의미로 쓰였습니다. 풀어서 쓰자면 '스푼을 사용하여 먹는 프리미엄 롤 케이크'가 되겠네요.

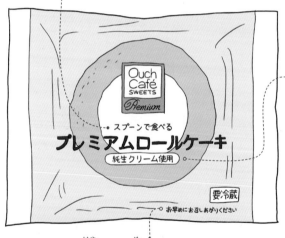

★純生クリーム使用
순생크림 사용

순생크림은 우유를 분리하여 유지방만을 원료로 만든 크림. 휩핑크림(ホイップクリーム)보다 가격도 비싸고 유통기한도 짧지만 촉감과 풍미는 더 좋다고.

★お早めにお召しあがりください 일찍 드세요
早め는 '정해진 시간보다 조금 이름'이라는 뜻. 정중한 표현이라 단어 앞에 お가 두 번이나 붙어 있는 걸 확인해주세요.

단어
- **スプーン** 스푼
- **早(はや)め** 정해진 시간보다 조금 이름
- **生(なま)クリーム** 생크림
- **召(め)しあがる** 잡수시다

따뜻한 초콜릿이 입안에서 살살~, 데워 먹는 디저트 퐁당쇼콜라!

★とろける生チョコの 살살 녹는 생초콜릿의
　フォンダンショコラ 퐁당쇼콜라

★温めてもおいしい
데워 먹어도 맛있습니다

★袋を少し切って温めて
ください 봉지를 조금 자르고
데워주세요

温めても
おいしい
袋を少し切って温めてください
電子レンジ加熱の自安
500W　　30秒
1500W　　10秒

6i
とろける生チョコの
フォンダンショコラ
149円(税込 160円)

チョコレート生地
生チョコ
クリーム

★電子レンジ加熱の目安
전자레인지 가열 기준

★チョコレート生地 초콜릿 반죽

일반적으로 生地는 '옷감, 천'이라는 뜻으로 쓰이고, 더 나아가 '본연 그대로의
상태, 본바탕'이라는 뜻으로도 쓰입니다. 다만 여기서 말하는 チョコレート生地
는 초콜릿 주원료에 물을 더해 반죽한 것을 말합니다.

단어

● とろける 살살 녹다
● 袋(ふくろ) 봉지
● 切(き)る 자르다
● 加熱(かねつ) 가열

● 温(あたた)める 데우다, 따뜻하게 하다
● 少(すこ)し 조금, 약간
● 電子(でんし)レンジ 전자레인지
● 目安(めやす) 기준, 표준

분홍빛 벚꽃을 떡으로 먹는 사쿠라모찌!

★北海道十勝産小豆使用
ほっかいどう と かちさん あずき しよう

홋카이도 토카치산 팥 사용

한자가 열 글자나 붙어 있다고 쫄 필요 없습니다.
중요한 건 후반부에 나오는 小豆이며, 그 전까지는
~産이라고 되어있으니 小豆의 원산지 표기겠지요.

★塩漬け桜の花 소금에 절인 벚꽃
しお づ さくら はな

★桜もち
さくら

벚꽃모찌

★税込
ぜいこみ

세금 포함

★要冷蔵
ようれいぞう

냉장보관 요망

★こしあん 고운 팥소

팥을 삶아 껍질을 제거하고 부드럽게 으깨어 반죽한 팥소를
말합니다. 반대로 껍질을 제거하지 않고 어느 정도 팥의
형태를 남기도록 만든 팥소는 つぶあん이라고 하지요.

단어

● 小豆(あずき) 팥
● 漬(つ)ける 절이다
● 税込(ぜいこみ) 소비세 포함된 가격

● 使用(しよう) 사용
● 塩漬(しおづ)け 소금에 절임, 혹은 절인 것
● 税抜(ぜいぬき) 소비세 포함되지 않는 가격

디저트 11 키미다케노 푸딩

당신만의 푸딩, 혹은 노른자만 들어간 푸딩!

★**きみだけのプリン** 노른자(당신)만의 푸딩
黄身(노른자)와 君(당신) 둘 다 きみ라고 읽기 때문에,
중의적인 표현으로 지은 네이밍입니다.

★**卵黄とミルクの贅沢な味わい**
노른자와 우유의 호화로운 맛
贅沢(ぜいたく, 사치)는 일본의 커피, 디저트
류, 맥주류에서 매우 자주 쓰이는 표현입니다.
한국에서 '사치'라고 하면 주로 부정적인 의미
를 담고있습니다만, 일본 마케팅 용어에서는
딱히 그렇지 않아보입니다.

단어
● **卵黄(らんおう)** 노른자
● **黄身(きみ)** 노른자
● **プリン** 푸딩

사이좋게 디저트를 사 먹으며 편의점을 나왔습니다.

근데 말이에요. 혹시 이 다음 챕터 내용도 읽으셨나요?

다음 챕터? 이번이 끝 아니었니?

아니야!! 한 챕터 더 남아 있다고!!

헉! 몰랐어! 난 디저트를 다루길래 끝인 줄 알았지! …근데 왜 반말??

음… 그럼 어쨌거나 그 책을 다시 되돌려 받아야겠네요.

하지만 어떻게? 그 아저씨가 어디에 있는 줄 알고?

딱 한 가지 방법이 있지요…

아저씨도 찾고 책도 되돌려 받을 유일한 방법이!!

다음 챕터가 마지막이에요!!

보너스
계산 속 일본어

1 계산하기 위해 줄을 섰을 때

後ろでお待ちのお客様、こちらのレジへどうぞ!!
뒤에 계신 손님, 이쪽 계산대로 오세요!!

私ですか? あ、はい。 저요? 아, 네.

- 後(うし)ろ 뒤
- お客様(きゃくさま) 손님
- 待(ま)つ 기다리다
- レジ 계산대 (a cash register의 줄임말)

2 편의점 도시락을 살 때

お弁当温めますか? 도시락 데워드릴까요?

はい、お願いします。 네, 부탁드립니다.
いいえ、大丈夫です。 아니요, 괜찮습니다.

- 弁当(べんとう) 도시락
- 温(あたた)める 데우다

3 도시락 혹은 컵라면을 살 때

お箸はいくつお付けしますか?
젓가락은 몇 개 넣어드릴까요?

ひとつで。 한 개요.

- 箸(はし) 젓가락
- 付(つ)ける 붙이다, 첨부하다
- ひとつ 한 개

4 차가운 제품과 따뜻한 제품을 동시에 살 때

袋お分けしますか? 봉투는 나눠서 담을까요?

はい、お願いします。 네, 부탁드립니다.
いいえ、大丈夫です。 아니요, 괜찮습니다.

● 袋(ふくろ) 봉지, 봉투　　● 分(わ)ける 나누다

5 술을 살 때

こちらの画面のタッチをお願いします。
여기 화면을 터치해주세요.

へぇー。身分証明書、見せなくていいんだ。
쩝… 신분증 보여달라고 안 하네.

● 画面(がめん) 화면　　● タッチ 터치

* 주류 구매시, 신분증을 확인하거나 '20세 이상'이라는 확인으로 화면을
터치해야 합니다.

6 그리고 계산!

お会計1080円になります。 1080엔입니다.
2000円お預かりします。 2000엔 받았습니다.
920円のお返しとレシートです。 거스름돈 920엔과 영수증입니다.
ありがとうございます。 감사합니다.

どうも。 감사합니다.

● 会計(かいけい) 계산　　● 預(あず)かる 맡다
● 返(かえ)す 돌려주다　　● レシート 영수증

군것질 06
컵라면과 끼니용 음식들

밤이 늦어 내일 다시 모이기로 하고 숙소로 돌아왔습니다.

오늘도 참 많은 일이 있었네! 일본어도 많이 배우고!!

근데 말야, 내가 이 책을 다 읽으면 내가 세상을 구하는 거잖아. 그럼 나한테 뭐 떨어지는 건 없니?

당연히 있죠. 세상을 구한 공을 인정받아, 우리 정부에서 어마어마한 포상금이 지급될 겁니다.

의도치 않게 걸려든 일이지만 뭐… 나쁘지 않은걸? 후훗, 포상금은 얼마나 나올까? 원으로 나올까? 달러로 나올까? 지금 환율이 어떻게 되더라… 후후훗… 응??

잠깐!! 너 언제부터 거기 있었어?!!

저… 활동비가 떨어져서요… 신세 좀 지겠습니다.

한국어 버전

다음 날 아침…

배고프다…
우리 뭐 먹으면
안 될까?

안 됩니다.
마지막 챕터를
위해 참아야
해요.

나도…

근데 여기 있으면
진짜로 그 아저씨를
찾을 수 있는 거니?

절 믿으세요.
분명히 나타날 겁니다.

헉! 진짜로 아저씨가
나타났어!!

봐요. 제 말이
맞죠?

근데, 어제랑 느낌이
좀 다르네.
뭔가 곤란한 상황에
처한 듯한…

어서 따라가
봅시다!!

To Be Continued...

컵라면 1 치킨라멘

일본의 국민컵라면부터 시작할게요!

★国産チキン100%スープ
（こくさん）
국산치킨 100% 수프

★元祖鶏ガラ 원조 닭 육수
（がんそ とり）

★チキンラーメン 치킨라멘

컵라면은 カップラーメン,
혹은 カップ麺(めん)이라고 합니다.

★ジューシー鶏肉とふんわり
（とりにく）
かきたま入り
（い）
즙이 많은 닭고기와 폭신폭신한
푼 달걀이 들어 있음

★お湯の目安量410ml
（ゆ）（めやすりょう）
뜨거운 물의 기준량 410ml

お湯는 따뜻한 물을 지칭하는 표현. 참고
로 일반적인 '물'의 총칭인 水(みず)를 일
상생활에서 쓰면 '차가운 물'이라는 뜻이
됩니다.

★すぐおいしい、すごくおいしい
바로 맛있어, 정말 맛있어

すぐ(바로)와 すごく(매우)로 라임을 맞췄다고
볼 수 있네요.

単어

- 国産(こくさん) 국산
- 鶏(とり)ガラ 닭 육수
- ふんわり 부드럽게 부풀어 탄력이 있는 모양
- お湯(ゆ) 따뜻한 물, 더운 물
- 元祖(がんそ) 원조
- 鶏肉(とりにく) 닭고기
- かきたま 푼 달걀
- 目安(めやす) 목표, 기준, 대중

돼지 뼈로 국물을 낸 돈코츠라멘!

★コク豚骨ラーメン
깊은 향의 돈코츠라멘

코쿠는 이미 여러 번 언급했습니다만,
음식의 깊은 향과 맛을 나타내는 표현입니다.

★つるみきわ立つ生めん食感!
매끄러움이 돋보이는 생면 식감!

つるみ는 면의 매끈한 식감을 나타내는 일종의
전문용어. '매끈한 모양, 반들거리는 모양'을
나타내는 つるつる에서 변형된 표현입니다.

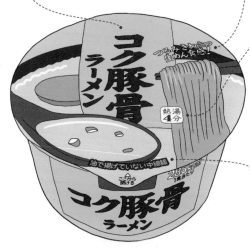

★熱湯 4 分 뜨거운 물 4분

앞 페이지에 나온 お湯(ゆ)는 '따뜻한 물'이고
熱湯(ねっとう)는 '뜨거운 물'. 여기서는 두 단어가
별 이유 없이 같은 뜻으로 쓰였습니다만, 예를 들어
식당에서 뜨거운 물을 시킬 때에는 お湯ください
라고 하는 게 더 자연스럽습니다.

★油で揚げていない中細麺
기름에 튀기지 않은 중간굵기 면

일본의 라멘집 중에는 면의 굵기를 지정할 수
있는 곳이 있습니다. 가는 면은 細麺(ほそめん),
굵은 면은 太麺(ふとめん). 여기서는 중간 정도의
가는 면이라는 뜻으로 中細麺(ちゅうぼそめん)
이라는 표현을 썼습니다.

단어

- **豚骨(とんこつ)** 돈코츠, 돼지뼈
- **生(なま)めん** 생면
- **油(あぶら)** 기름

- **きわ立(だ)つ** 두드러지다, 돋보이다
- **熱湯(ねっとう)** 뜨거운 물
- **揚(あ)げる** 튀기다

컵라면 3 돈베에 키츠네우동

큼직한 유부가 고명으로 올라간, 닛신 돈베에 키츠네우동!

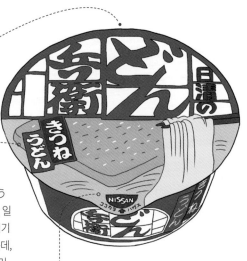

★ どん兵衛きつねうどん
돈베에 키츠네우동

★ きつねうどん
키츠네우동, 일본식 유부우동

きつね는 '여우'라는 뜻입니다만, きつねう
どん이라는 표현은 납작한 유부가 올라간 일
본식 우동을 말합니다. 참고로 튀김부스러기
를 얹은 우동은 たぬきうどん이라고 하는데,
たぬき는 '너구리'라는 뜻이지요. 국물을 머
금은 큼직한 유부는 덥석 베어 물면 뜨거운
국물이 입 안에 갑자기 퍼져 데일 수 있으니
조심해서 베어 드세요.

★ ココカラハガス 여기부터 떼어내세요
뚜껑을 벗겨내는 시작점을 알리는 문장. 글씨가
작기 때문에 가독성을 높이기 위해서 가타카나
표기를 한 것일 테니 이해해주시길.

(단어) ● はがす 벗기다, 떼다

가츠오부시 다시국물과 카레가루의 절묘한 조화, 검은 돼지카레우동!

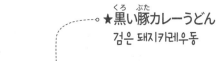

★黒い豚カレーうどん
검은 돼지카레우동

★ここまであけてください。
여기까지 열어주세요.

★コクと旨みのとろつゆ
깊은 맛의 걸쭉한 국물

걸쭉한 액체 상태를 나타내는 とろとろ와, 국물이
라는 뜻의 つゆ가 합쳐져 とろつゆ가 되었습니다.

단어
- 黒(くろ)い 검다
- 旨(うま)み 맛있음, 맛
- 豚(ぶた) 돼지
- つゆ 국물

일반적인 크기의 야키소바로는 부족한 분들을 위한, 고츠모리 소스야키소바!

★ごつ盛り
고츠모리

정도가 심한 모양을 나타내는 ごつい와
'곱배기'라는 뜻의 大盛(おおも)り가
만나서 ごつ盛り가 되었습니다.
양이 묵직하게 많은
느낌을 줍니다.

★ソース焼そば 소스야키소바

焼そば는 삶은 국수에 야채, 고기 등을 넣고 볶은
일본의 대중음식. 그냥 소바는 메밀 면으로 만들
지만 야키소바는 밀가루 면으로 만듭니다.

★キューピーからしマヨネーズ付き
큐피 겨자마요네즈 포함

뒤에 付き라고 써 있으면, 안에 무언가가 딸려 있
다는 뜻이에요! 저 같은 마요네즈덕후는 마요네즈
가 포함되어 있다는 걸 꼭 확인하고 삽시다!

★大盛 곱빼기

한자 그대로 풀이하면 '많은 양을 담았
다'라는 뜻. 기억해뒀다가 식당에서 주
문할 때 써보시길.

단어
● ごつい 투박하다, 만만찮다
● 大盛(おおもり) 곱빼기
● からし 겨자

컵라면 6 · 닛신 야키소바 U.F.O.

아아~ 먹고 싶다. 焼そば!!

★U.F.O.
うまい(맛있다), ふとい(굵다), おおきい(크다)의
앞 글자를 따서 지었다네요. 회사 홈페이지에 적혀
있더군요. 믿거나 말거나.

★日清焼そばU.F.O.
_{にっしんやき}
닛신 야키소바 U.F.O.

★やみつき濃厚エクストリームソース!
_{のうこう}
멈출 수 없는 농후한 익스트림 소스!

やみつき라는 표현은 원래 '(나쁜) 버릇이 들어서 고치지 못하는 상황'을 말하는데,
특정 음식을 자꾸 먹게 되는 상황에서도 쓰입니다. 먹는 건 죄라는 것인가…

단어
● **やみつき** (나쁜) 버릇이 들어서 고치지 못함, 중독됨
● **エクストリーム** (Extreme) 극도의, 극심한, 심한

컵밥 1 　카레메시(1)

뜨거운 물만 부우면 완성되는 카레컵밥!

★**バターチキン カレーメシ** 버터치킨 카레밥

飯(めし)는 '밥, 식사'라는 뜻. 일상생활에서는 앞에 ご를 붙여
ご飯(ごはん)이라는 표현을 조금 더 자주 씁니다. 뜻은 거의
비슷하나, ご飯이 조금 더 공손한 표현입니다

★**お湯(ゆ)を注(そそ)ぐだけ!王道(おうどう)だねぇ**
뜨거운 물을 부을 뿐! 왕도군요

만드는 법이 쉽고 정통이라 '왕도'라는
표현을 썼습니다.

★**トマトの酸味(さんみ)とバターのコクがナマステ!**
토마토의 산미와 버터의 깊은 맛이 나마스떼!

단어

- **お湯(おゆ)** 뜨거운 물
- **注(そそ)ぐ** 따르다, 붓다.
- **王道(おうどう)** 왕도, 올바른 방법
- **飯(めし)** 식사, 밥
- **酸味(さんみ)** 산미

컵밥 2 카레메시(2)

★ちゃんとしたカレーになります。
제대로 된 카레가 됩니다.

★ここまではがす 여기까지 벗긴다
이미 어딘가에 붙어있는 무언가를 떼어낼 때
はがす라는 표현을 씁니다.

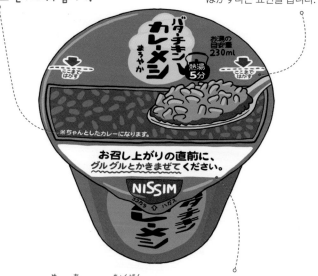

★お召し上がりの直前に、グルグルとかきまぜてください。
드시기 직전에, 빙글빙글 섞어주세요.

단어
- **はがす** 벗기다, 떼다
- **ちゃんとした** 제대로 된
- **召(め)し上(あ)がる** 먹다의 높임말, 드시다
- **直前(ちょくぜん)** 직전
- **かきまぜる** 뒤섞다

삼각김밥은 おにぎり(오니기리)라고 한대요!

★ツナマヨネーズ
참치마요네즈

믿기 어렵겠지만, ツナ는 영어
Tuna의 일본발음. 참고로 이 맛
은 제조사에 따라서 ツナマヨ
혹은 シーチキンマヨネーズ
라고 하기도 합니다.

★具たっぷり!
내용물이 듬뿍!

具는 국이나 요리 등에 들어
가는 잘게 썬 내용물, 건더
기를 말합니다. 즉, 내용물
이 알차다는 뜻이지요.

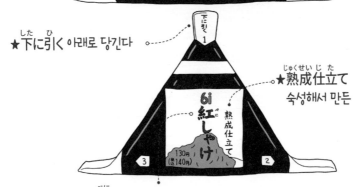

★下に引く 아래로 당긴다

★熟成仕立て
숙성해서 만든

★紅しゃけ 붉은살 연어

紅는 붉은색을 뜻하는 한자. 일본에서 자주 볼 수 있는
홍생강은 紅しょうが라고 합니다.

단어

- **おにぎり** 삼각김밥, 주먹밥
- **たっぷり** 듬뿍
- **熟成(じゅくせい)** 숙성
- **具(ぐ)** 내용물, 건더기
- **引(ひ)く** 끌다, 당기다
- **仕立(した)てる** 만들다, 짓다

삼각김밥 2 생 명란젓 삼각김밥 · 소금주먹밥

명란젓 삼각김밥, 정말 소금만 들어가 소금주먹밥!

★生(なま)たらこ 생 명란젓

★中(なか)にも具材(ぐざい)!
안에도 속 재료가
(있어요)!

★温(あた)めずにお召(め)し上(あ)がりください。
데우지 말고 드시길 바랍니다.

동사의 부정형은 뒤에 ない를 붙이는 게 일반
적이지만, 같은 방식으로 ず를 붙이는 표현도
있습니다. 温める는 2그룹동사기 때문에, 마
지막 글자 る를 빼고 ず를 붙이면 부정형이 됩
니다.

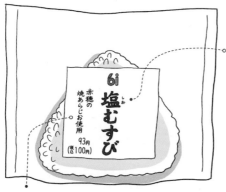

★塩(しお)むすび
소금주먹밥

주먹밥을 말할 때 おむすび라고
하기도 합니다. 여기서 お를 빼고
塩를 붙인 표현. 이렇게 내용물 없이
쌀밥과 소금만으로 만든 주먹밥도
있으니 주의!

★赤穂(あこう)の焼(や)きあらじお使用(しよう)
(효고현에 위치한) 아코우지역의 구운 막소금 사용

단어
● おむすび 주먹밥
● 具材(ぐざい) 속 재료
● あらじお 막소금

일본에서 주먹밥을 먹는다면, 연어의 다양한 표현 정도는 알아둡시다!

★鮭バター ^{しゃけ} 연어 버터

전 페이지에서는 연어를 しゃけ
라고 표기했는데, 한자로 鮭라고
쓰기도 하고 영어표현으로
サーモン이라 쓰기도 합니다.

★小骨にご注意ください ^{こぼね ちゅうい}
잔가시가 있을 수 있으니
주의해주세요

ご注意ください라는 표현은
지하철 정차할 때마다 나오는
표현입니다. 일본에서 지하철을
타신다면 한 번 귀 기울여 보시길.

★鶏めしと半熟煮玉子 ^{とり はんじゅくにたまご}
닭고기밥과 반숙조림계란

たまご는 두 가지 한자를 씁니다.
생물학적 의미의 '알'을 포함한
포괄적인 의미로 쓸 때는 卵를,
음식으로서의 계란이라는 의미로
쓸 때는 玉子라고 하지요.

★温めてさらにおいしい ^{あた}
데우면 더더욱 맛있습니다

(단어)
● 鮭(さけ・しゃけ)、サーモン 연어
● 小骨(こぼね) 잔뼈, 잔가시
● 半熟煮玉子(はんじゅくにたまご) 반숙조림계란
● さらに 더더욱, 더욱더
● バター 버터
● 注意(ちゅうい) 주의, 조심
● めし 밥

삼각김밥 4 매실 다시마 주먹밥·구운 주먹밥

김이 없는 매실 다시마 주먹밥, 고소한 구운 주먹밥!

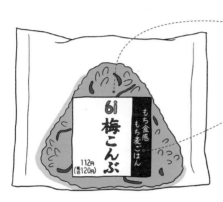

★梅^{うめ}こんぶ
매실 다시마

★もち食感^{しょっかん}、もち麦^{むぎ}ごはん
쫄깃 식감, 찰보리밥

★こんがり焼^やいた焼^{やき}おにぎり
살짝 구워진 구운 주먹밥

こんがり는 살짝 알맞게 구워진 모양을 나타내는 표현입니다.

단어
● 梅(うめ) 매실
● もち麦(むぎ) 찰보리
● 焼(や)く 굽다
● こんぶ 다시마
● ごはん 밥

삼각김밥의 탈을 쓴 유부초밥!

★具だくさん 속 재료가 풍부한

첫 번째 삼각김밥에서 쓰였던 具たっぷり와 동일한 표현. 하지만 여기선 たくさん (많음, 풍부함)에 탁음이 붙었습니다.

★五目いなり 오목 유부초밥

원래 五目라는 표현은 말 그대로 다섯 가지 재료를 말하는 것이나, 꼭 다섯 가지가 아니더라도 다양한 재료가 들어가 있다는 의미로 쓰이곤 합니다. 잡곡밥을 연상하시면 됩니다. いなり는 いなり寿司(유부초밥)의 줄임말.

★柚子れんこん
유자와 연근

단어
- ●いなり、いなり寿司(ずし) 유부초밥
- ●柚子(ゆず) 유자
- ●れんこん 연근

우리나라 김밥보다 조금 작은, 한 가지 재료만 들어간 일본표 김밥!

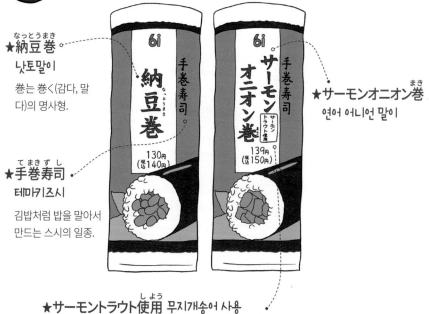

★<ruby>納豆<rt>なっとう</rt></ruby><ruby>巻<rt>まき</rt></ruby>
낫토말이
巻는 巻く(감다, 말다)의 명사형.

★<ruby>手巻寿司<rt>てまきずし</rt></ruby>
테마키즈시
김밥처럼 밥을 말아서 만드는 스시의 일종.

★サーモンオニオン<ruby>巻<rt>まき</rt></ruby>
연어 어니언 말이

★サーモントラウト<ruby>使用<rt>しょう</rt></ruby> **무지개송어 사용**

아니, サーモン(연어)이라면서 무지개송어라니?! 이게 무슨 소리요? 엄밀히 따지면 품종 개량하여 바다에서 양식할 수 있도록 만든 무지개송어를 サーモントラウト(혹은 トラウトサーモン)이라고 한다네요. 송어와 연어 둘 다 연어과라서, 식품 표기법 관련하여 말들이 많다고 합니다. 어쨌거나 이건 우리가 알고 있는 그 연어랑은 다른 생선이라는 것!

단어
- 巻(まき) 말이
- 手巻(てまき) 손으로 맘
- 寿司(すし) 스시, 초밥
- オニオン(onion) 어니언, 양파
- 巻(ま)く 말다
- 納豆(なっとう) 낫토
- サーモン 연어

빵 속에 야키소바라니! 탄수화물이 두 배!

★たまごサラダロール 계란 샐러드 롤

우리말로 사라다라고 하면 왠지 깍두기처럼 썬 사과, 오이 등이 들어 있어야 할 것 같은데, 일본에서의 サラダ는 샐러드의 통칭입니다.

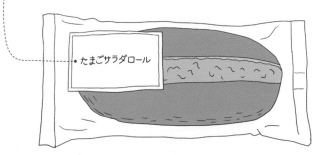

• たまごサラダロール

たっぷり•
焼きそばロール

★たっぷり焼きそばロール
듬뿍 야키소바 롤

단어 ●たっぷり 듬뿍, 넘칠 만큼 많은 모양

빵/샌드위치 2 살짝 구워진 치즈빵·햄과 마요네즈빵

빵과 잘 어울리는 치즈, 햄, 마요네즈빵!

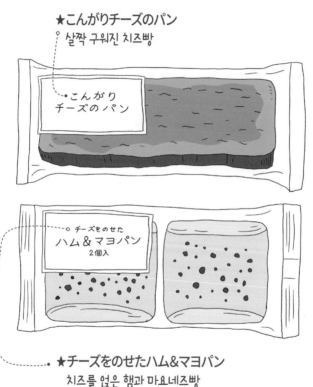

★こんがりチーズのパン
살짝 구워진 치즈빵

• こんがり
チーズの パン

○ チーズをのせた
ハム & マヨパン
2個入

★チーズをのせたハム&マヨパン
치즈를 얹은 햄과 마요네즈빵

놀라지 마세요. ハム는 '하무'라고 읽지만 '햄'이라는 뜻입니다.

단어

● こんがり 알맞게 구워진 모양

● のせる 위에 얹다, 태우다

푸짐하게 먹고 싶을 때는 소고기 고로케 계란롤빵, 명란 마요네즈빵!

★牛肉入りコロッケたまごロール 소고기가 들어간 고로케 계란 롤

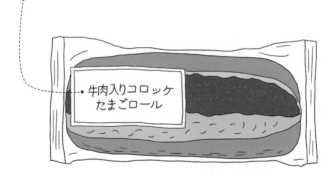

牛肉入りコロッケ
たまごロール

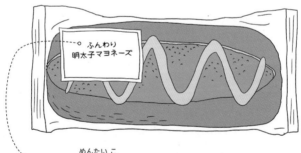

ふんわり
明太子マヨネーズ

★ふんわり明太子マヨネーズ 폭신폭신한 명란 마요네즈

 단어

- 牛肉(ぎゅうにく) 소고기
- コロッケ 고로케
- ふんわり 폭신폭신한 모양
- 明太子(めんたいこ) 명란, 명란젓

빵/샌드위치 4 슈거 마가린빵 · 초코칩 더블휩샌드

 달달한 슈거 마가린빵, 초코칩 더블휩샌드!

★ちぎれるシュガーマーガリン
のパン 뜯어 먹는 슈거 마가린빵

ちぎれる의 정확한 뜻은 '갈가리 찢어지
다, 뜯어지다'. '빵 크기가 크지만 더 작은
크기로 뜯을 수 있게 되어있어서 먹기 편
하다'라는 뜻입니다.

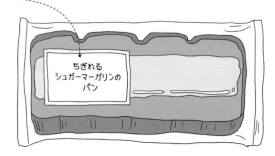

ちぎれる
シュガーマーガリンの
パン

★チョコチップをのせたダブル
ホイップサンド
초코칩을 얹은 더블휩샌드

ホイップ를 보고 '휩'을 떠올릴 수 있다면
당신은 고수!

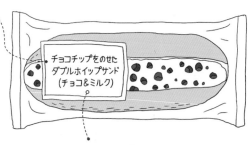

チョコチップをのせた
ダブルホイップサンド
(チョコ&ミルク)

★チョコ&ミルク 초코 & 밀크

단어
● **ちぎれる** 갈가리 찢어지다, 뜯어지다
● **シュガー(sugar)** 설탕
● **マーガリン** 마가린
● **パン** 빵
● **チョコチップ** 초코칩
● **サンド** 샌드
● **ホイップ(whip)** 휩, 휘핑 (크림이나 계란을 거품기 등으로 거품을 냄, 또는 거품을 낸 식품)

빵/샌드위치 5 야채 샌드위치

 아삭아삭 야채 샌드위치!

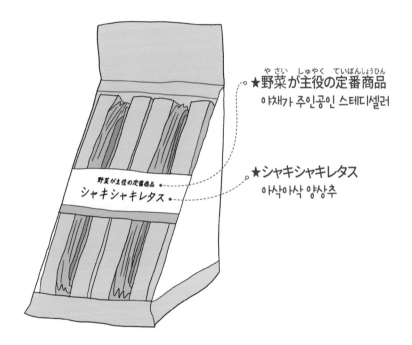

★<ruby>野菜<rt>やさい</rt></ruby>が<ruby>主役<rt>しゅやく</rt></ruby>の<ruby>定番商品<rt>ていばんしょうひん</rt></ruby>
야채가 주인공인 스테디셀러

★シャキシャキレタス
아삭아삭 양상추

단어
- ● **主役(しゅやく)** 주역, 주인공
- ● **定番(ていばん)** 유행을 타지 않고, 늘 잘나가는 물건 혹은 음식
- ● **商品(しょうひん)** 상품
- ● **シャキシャキ** 아삭아삭
- ● **レタス** 양상추

빵/샌드위치 6   참치 계란 샌드위치

참치와 반숙계란이 들어간 참치 계란 샌드위치!

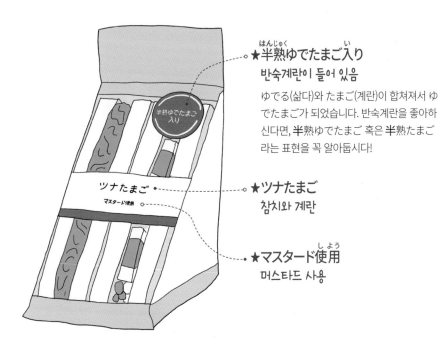

はんじゅく い
★半熟ゆでたまご入り
반숙계란이 들어 있음

ゆでる(삶다)와 たまご(계란)이 합쳐져서 ゆ
でたまご가 되었습니다. 반숙계란을 좋아하
신다면, 半熟ゆでたまご 혹은 半熟たまご
라는 표현을 꼭 알아둡시다!

★ツナたまご
참치와 계란

し よ う
★マスタード使用
머스타드 사용

단어
- **半熟(はんじゅく)** 반숙
- **ゆでたまご** 삶은 계란
- **マスタード** 머스터드

이것도 먹고 싶고 저것도 먹고 싶을 때는 믹스샌드위치!

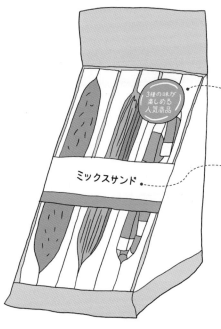

★3種の味が楽しめる人気商品
(さんしゅ あじ たの　　にんきしょうひん)
세 가지 맛을 즐길 수 있는 인기상품

★ミックスサンド
믹스샌드

사정상 뒤늦게 알려드리게 되었습니다만,
샌드위치의 일본어 표기는
サンドイッチ입니다.
サンド는 그 줄임말이구요.

빵/샌드위치 8 햄카츠 샌드

돈까스처럼 튀긴 햄이 들어간 샌드위치!

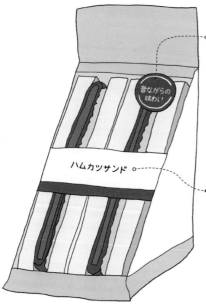

★昔ながらの味わい
옛날 그대로의 맛

昔는 '옛날'이라는 뜻인데, 昔ながら라고 하면 '옛날 그대로'라는 뜻이 됩니다. 예전부터 변함이 없는, 추억이 깃든 것을 표현할 때 쓰는 말이에요.

★ハムカツサンド **햄카츠 샌드**

햄카츠는 햄에 튀김옷을 입혀 튀긴 음식. 이자카야에서 술안주로 먹기도 한답니다.

> 더 많은 상품을 다루고 싶지만, 편의점 PB상품은 글이 적고 내용물이 훤히 보이는 포장이 대부분이라, 아쉽지만 여기까지만 할게!!

(단어)
- **昔(むかし)** 옛날
- **味(あじ)わい** 맛

그렇게 하여, 나는 어쩌다가 미래의 지구를 구하게 되었습니다.

덤으로 일본어도 마스터하게 되었구요.

누나들 덕분에 세상을 구할 수 있었어요. 감사합니다.

우리도 즐거웠어! 근데 저기… 포상금은?

아! 포상금이요?

제가 사무실에 들어가서 바로 품의진행 할 건데, 익월 말 결제니까 23XX년 X월에 입금될 거예요!!

뭐?? 23XX년???

야 이놈아!! 300년을 어떻게 기다려?!! 가, 가지 마!!!

안녕~

끝!!

보너스
편의점 셀프계산대 속 일본어

팬데믹을 겪으면서, 일본 편의점에서는 비대면 셀프계산대가 엄청나게 늘어났습니다. 셀프계산대를 일본어로는「セルフレジ」라고 하는데요. 상품 바코드 찍는 것까지는 알바생이 해주고 계산만 우리가 하면 되는 곳도 있고, 전부 다 우리가 해야 하는 곳도 있답니다. 막상 해보면 별 것 아니지만, 계산대 곳곳에 뭐라고 써있는지 미리 알고 가면 더 막힘없이 계산할 수 있겠죠?

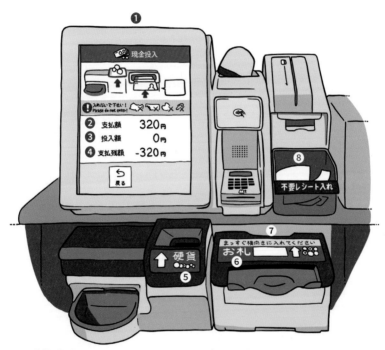

❶ 現金投入 현금투입

❷ 支払額 지불액

❸ 投入額 투입액

❹ 支払残額 지불잔액

❺ 硬貨 동전

❻ お札 지폐

❼ まっすぐ横向きに入れてください
똑바로 가로방향으로 넣어주세요

❽ 不要レシート入れ 불필요한 영수증 버리는 곳

동전을 빨리 써야한다는 생각에
스트레스였는데, 이제는
너무 편하군!

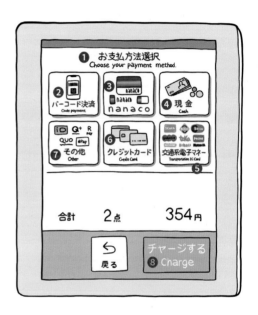

❶ **お支払方法選択** 지불방법선택

❷ **バーコード決済** 바코드 결제. 한국의 네이버페이(LINE Pay 선택)와 카카오페이(Alipay+ 선택)도 미리 설정해놓으면 일본에서 쓸 수 있다고 합니다.

❸ **nanaco** 나나코. 세븐일레븐 계열점에서 사용가능한 전자머니입니다.

❹ **現金** 현금. 동전과 지폐를 대충 넣으면 알아서 거스름돈이 튀어나옵니다.

❺ **交通系電子マネー** 교통계전자머니. 주로 교통카드로 쓰이는 카드들입니다만, 대부분의 편의점에서 사용할 수 있습니다. 한국인에게 친숙한 suica 혹은 pasmo가 교통계전자머니에 해당됩니다.

❻ **クレジットカード** 사용하기 전에, 해외결제가 막혀있지 않은지 꼭 확인하세요!

❼ **その他** 그 외. 그밖에 현지에서 쓰이는 간편결제들, 애플페이 등이 해당됩니다.

❽ **チャージする** 충전식 카드를 여기서 충전할 수 있습니다.

군것질 07
술과 마른안주들

군것질 07
술과 마른안주들

그로부터 X년 후…

또다시 오게 되었구나

여기 일본에…

부릉

지난번에 이곳에 왔을 땐 일본어를 못해서 고생 좀 했었지…

처음에는 좀 따가울 거에요!

꾹!

너네들이 나한테 뭘 어쩌라고 한 거야?

일본어 모르니 도통 알 수가 없어!

과자들이 나한테 말을 거는 것 같았어!!

미마생!!

하지만 이젠 달라! 일본어 따위는 식은 죽 먹기임!!

자, 잠깐…

식은 죽 먹기 맞던가…? 맞…맞겠지?

곰곰이 생각해보니 그 정도까지는 아니었다…

음… 그래! 아직 잘하지는 못해!
하지만 내가 원하는 과자나 음식
정도는 아무 어려움 없이 살 수
있게 되었다구!!

생각해보니 내가 이렇게 된 건…
그때 미래에서 온 그 친구 덕이긴하지.
이름이 뭐였더라? K였던가?

맞아, 딱 저기 앉아있는 지저분한
꼬마 노숙자처럼 생긴 친구였지…

…응?

뭐야!? 너 진짜 K잖아??
너가 왜 여기에 있어?!

앗 오랜만…

일단은 반가워 K! 근데 무슨 일땜에 여기 와있는지 궁금하니깐 빨리 이유부터 말해!

네… 안 그래도 지금 말하려구요…

얼마 전 회사 조직개편이 있었는데 라인을 잘 못 탔어요. 그래서…

조직 내 반대세력에게 숙청되기 직전에 겨우 과거로 도망 온 거예요.

뭔 놈의 회사가 숙청까지… 24세기는 대체 어떤 세상이길래…

아 맞다. 안 그래도 당신한테 주려고 챙겨온 게 있는데…

설마!! 그때 못 받은 내 포상금??

아 맞다! 포상금도 챙겼어야 했는데 깜빡했다! 미안~~

이 자식아! 그걸 가장 먼저 챙겼어야지!!

바로 『일본어를 군것질로 배웠습니다만?』의
개정증보판, 『일본어를 군것질로?』예요!!

개정판!
일본어를
군것질로?

"24세기 최고의 책!"
—구글자5두칸인 유행어 □△○—

개…개정판!
(하긴 나올 때 되긴 했지…)

실은 그래서 부탁이 있어요. 이 개정판에는
편의점에서 살 수 있는 술과 마른안주류에
대한 내용이 추가되었으니… 이 책을 보고
제가 마실 술이랑 안주 좀 사와주세요!

뭐야… 결국 나한테 심부름
시킬 속셈이었구만…

제 사정도 이해해주세요…
지금 술이 너무 당기는데, 제 외모가
초딩 외모(21세기 기준)라서…
제 힘으로는 도저히 술을
살 수가 없거든요…

음… 얘기를 듣자하니
좀 딱하긴 하네…

그래! 이번이 진짜 마지막이야!
다시 도전해보겠어!!

진짜, 진짜로 마지막입니다!

To Be Continued...

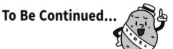

맥주집에서 마시는 느낌을 집에서 간편하게!

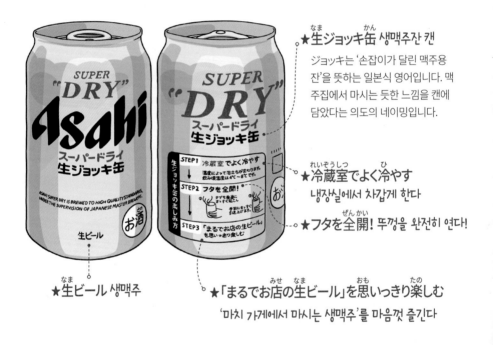

★生ジョッキ缶 생맥주잔 캔

ジョッキ는 '손잡이가 달린 맥주용 잔'을 뜻하는 일본식 영어입니다. 맥주집에서 마시는 듯한 느낌을 캔에 담았다는 의도의 네이밍입니다.

★冷蔵室でよく冷やす
냉장실에서 차갑게 한다

★フタを全開! 뚜껑을 완전히 연다!

★生ビール 생맥주

★「まるでお店の生ビール」を思いっきり楽しむ
'마치 가게에서 마시는 생맥주'를 마음껏 즐긴다

단어
● ジョッキ 맥주잔
● 生(なま)ビール 생맥주
● 冷(ひ)やす 차게 하다, 식히다
● 蓋(ふた) 뚜껑

● まるで 마치
● 思(おも)いっきり 마음껏

맥주 기분으로 저렴하게 취하고 싶을 때!

★贅沢麦芽 호화로운 맥아
<small>ぜいたくばく が</small>

일본에서 맥주는 맥아의 함량 및 기타 여러
기준에 따라 크게 2가지로 나뉩니다. 바로
ビール(맥주)와 発泡酒(발포주).
그림 속 맥주는 맥아가 적게 함유된 '발포주'로
분류되며, '발포주이지만 좋은 맥아를 듬뿍
넣었다'라는 것을 나타내고 싶은 듯한
문구입니다.

★発泡酒 발포주
<small>はっぽうしゅ</small>

일본의 주세법에서 지정한 맥주류 분류
기준은 매우 복잡하고 변동이 잦습니다.
다만 확실한 것은, 캔맥주 아래부분에
発泡酒라고 적혀있으면 맥주보다 맥아 함량이
낮거나 아예 들어있지 않은 술이라는 뜻입니다.

★春夏秋冬四季の味わい
<small>しゅん か しゅうとう し き　あじ</small>
춘하추동 사계절의 맛

 단어

- 麦芽(ばくが) 맥아
- 春夏秋冬(しゅんかしゅうとう) 춘하추동
- 四季(しき) 사계절
- 発泡酒(はっぽうしゅ) 발포주

산토리사의 근본하이볼 가쿠하이볼!

★じつは、糖類(とうるい)ゼロ、プリン体(たい)ゼロ。あなたの素敵(すてき)な夜(よる)に、角(かく)ハイボール。
실은, 당류 제로, 퓨린체 제로. 당신의 멋진 밤에, 가쿠하이볼.

★角(かく)ハイボール 가쿠하이볼

하이볼은 위스키와 얼음과 탄산수로 만드는 칵테일의 일종. 여기에 '각진 병'이라는 뜻의 角瓶(かくびん)으로도 알려진 산토리 위스키가 사용되었기에 이러한 이름이 되었습니다.

★濃いめ(こ) 진한 편

형용사의 뒤에 め가 붙으면 '그러한 경향이나 성질이 있다'라는 뜻이 됩니다.

단어
- 濃(こ)い 진하다
- 糖類(とうるい) 당류
- 素敵(すてき)な 멋진, 근사한

하이볼 2 토리스 레몬하이

레몬이 들어간 하이볼, 토리스 레몬하이!

★アルコール分 알코올도수

알코올 음료에 대한 에탄올의 부피 농도를 백분율(퍼센트)로 표시한 비율. 일상생활에서는 分(ぶん)보다는 우리처럼 度数(どすう)라는 표현을 더 자주 씁니다.

★漬け込みレモンをウィスキーで仕上げた特製ハイボール

레몬절임을 위스키로 완성시킨 특제 하이볼

단어

● 漬(つ)け込(こ)む 절이다, 담그다

● レモン 레몬

● 仕上(しあ)げる (일을) 끝내다, 완성시키다

● 特製(とくせい) 특제

● アルコール 알코올

츄하이 1 호로요이

츄하이로 살짝 취하고 싶다면 호로요이!

★**ほろよい** 살짝 취한 상태

ほろ는 명사 앞에 붙어서 '살짝'이라는 뜻.
よい는 酔う의 명사형으로 '취기, 취한 상태'를
말합니다.

★**もも** 복숭아

이 제품군은 패키지 디자인이 심플하면서,
맛 이름을 텍스트와 그림으로 알기쉽게 중앙에
표현하고 있는 것이 특징. 일본어를 공부하는
입장에서 특히 편리합니다.

★**お酒 술**

캔음료에 이렇게 동그라미 안에 お酒라고
적혀있으면 술이라는 뜻입니다.

단어
- **ほろ** (명사/형용사 앞에 붙어) 살짝, 조금
- **酔(よ)う** 취하다
- **もも** 복숭아
- **お酒(さけ)** 술

츄하이 2 제이타쿠시보리

귤 과즙이 듬뿍 들어간 제이타쿠시보리!

★驚(おどろ)きの濃(こ)さ!!
놀랄 정도의 진함!!

츄하이는 대체로 희석식 소주에 과즙과
탄산수를 넣은 술을 말합니다. 진한 과즙이
들어갔다는 것을 어필하고 있군요.

★みかんテイスト
귤 테이스트

★贅沢搾(ぜいたくしぼ)り
호화로운 착즙

짜는 '짜다'라는 뜻으로, 주로 과일의
과즙을 짤 때 쓰는 표현입니다.

★人工甘味料(じんこうかんみりょう)
인공감미료

단어
- 驚(おどろ)く 놀라다
- 搾(しぼ)る (세게 눌러서) 짜내다
- みかん 귤
- 人工甘味料(じんこうかんみりょう) 인공감미료
- 添加(てんか) 첨가

쌀과자 1 カキノタネ

감씨 모양의 대표적인 과자안주!

★いつでもカリッと! **항상 바삭하게!**

입 안에서 바삭하게 씹히는 식감을 표현하는
단어 カリッと. 스낵과자의 식감을 표현할
때에도 자주 등장하는 표현입니다.

★柿の種 _{かき たね} **감씨**

★ピーナッツなし **땅콩 없음**

なし는 ない(없다)의 명사형입니다.

★本品の比率は10:0 _{ほんぴん ひりつ} **이 제품의 비율은 10:0**

보통 이 안주는 감씨 모양의 과자와 함께 땅콩이 들어
있습니다만, 이 버전은 과자만 좋아하는 사람을 위해
카키노타네10 : 땅콩0의 비율로 출시한 버전입니다.

단어
● いつでも 언제나
● 柿(かき)の種(たね) 감씨
● 比率(ひりつ) 비율
● ピーナッツ 땅콩

쌀과자 2 해피턴

파우더가 듬뿍 뿌려진 단짠단짠 과자!

★ツイてるしあわせ 행복이 묻어있는

직역하자면 '묻어있는 행복'이 더 가까울듯?
이 과자의 매력포인트는 과자에 묻은 '가루'
라고 합니다. 한정판으로 가루만 250% 더
들어간 버전까지 나온 적이 있을 정도!

★とまらないおいしさ 멈추지 않는 맛

여러번 등장한 표현이지만, おいしさ는 おい
しい의 명사형. 그냥 '맛'이라기보다는 '맛있
음'에 더 가깝습니다.

★ハッピーパウダー! 해피 파우더!

단어
● 付(つ)く 묻다, 가루 등이 들러붙거나 흔적이 남게 되다
● 幸(しあわ)せ 행복
● 止(と)まる 멈추다

한입과자 1 포릿피

부담없이 먹을 수 있는 한 입 사이즈 과자안주 포릿피!

★べんりな食べきり!

남김없이 먹을 수 있는 편리함!

양이 적다는 것을 돌려 말하고 있습니다.

★とってもEサイズ 매우 좋은 사이즈

'좋다'라는 뜻의 いい와 알파벳 E의 발음이 같기 때문에 쓰인 일종의 언어유희입니다.

★柚子こしょう味 유즈코쇼 맛

유즈코쇼는 유자껍질과 풋코추로 만드는 일본식 매운 페이스트. こしょう는 '후추'라는 뜻이지만, 유즈코쇼에 후추는 들어가지 않습니다.

★爽やかな柚子と青唐辛子の辛みがクセになる!
상쾌한 유자와 풋고추의 매운 맛이 습관이 된다!

단어
● 便利(べんり) 편리
● 食(た)べきる 남김없이 다 먹다
● 柚子(ゆず) 유자
● 青唐辛子(あおとうがらし) 풋고추
● 辛(から)み 매운 맛

후추와 베이컨향이 물씬 풍기는 하드코어 맥주안주!

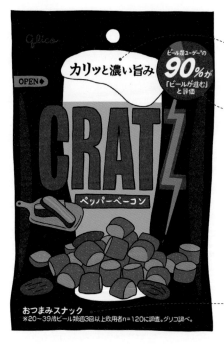

おつまみスナック
※20～39歳ビール類週3回以上飲用者n=120に調査。グリコ調べ。

★カリッと濃（こ）い旨（うま）み 바삭하게 진한 맛

★ビール類（るい）ユーザーの90%が「ビールが進（すす）む」と評価（ひょうか）
주류 이용자의 90%가 '맥주가 잘 넘어간다'고 평가함

맥주류 술을 주3회 이상 마시는 20~39세 120명에게 설문조사한 결과라고 아래쪽에 적혀있네요. 참고로 음식 혹은 술이 잘 들어간다고 할 때에는 進む라는 표현을 씁니다.

★おつまみスナック 안주 스낵

つまむ는 '(손으로) 집다'라는 뜻. 그래서 おつまみ는 '손으로 집어먹을 정도 크기의 간단한 안주류'를 뜻하는 단어입니다. 스낵류, 견과류, 마른건어물류 등이 이에 해당됩니다.

단어
- 進(すす)む 나아가다, 지나가다
- 評価(ひょうか) 평가
- つまむ (손으로) 집다, 집어먹다

어디서나 쉽게 먹을 수 있는 마른안주 끝판왕!

★食べやすい食感の鮭とば 먹기 쉬운 식감의 연어포
鮭とば는 연어를 껍질째 세로로 썰어 말린 홋카이도의 특산물입니다.

★なめらかな食感のチーズ鱈 부드러운 식감의 치즈대구포
우리나라 편의점에서도 쉽게 볼 수 있는 치즈대구포. 가늘고 긴 치즈 양옆에 얇은 대구살을 붙여만든 대표적인 술안주입니다.

단어

- ●食(た)べやすい 먹기 쉽다
- ●食感(しょっかん) 식감
- ●鮭(さけ・しゃけ) 연어

- ●なめらかな 매끈한, 부드러운
- ●鱈(たら) 대구

건어물 2 초오징어&건오징어

 편의점에서 바로 살 수 있는 오징어안주 Z대장!

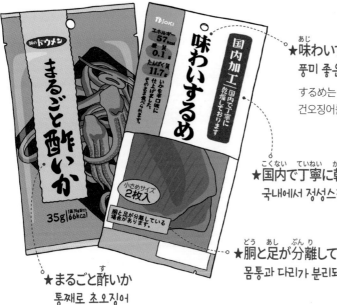

★味わいするめ
풍미 좋은 건오징어

するめ는 우리나라에서도 잘 먹는
건오징어를 말합니다.

★国内で丁寧に乾燥しております
국내에서 정성스레 건조하고 있습니다

★胴と足が分離している場合があります。
몸통과 다리가 분리되어 있을 수 있습니다.

★まるごと酢いか
통째로 초오징어

酢いか는 오징어를 식초에 절인
대표적인 술안주입니다.

단어
- ●まるごと 통째로
- ●酢(す) 초, 식초
- ●いか 오징어
- ●するめ 건오징어
- ●丁寧(ていねい) 친절함, 정중함
- ●乾燥(かんそう) 건조
- ●胴(どう) 몸통
- ●足(あし) 다리
- ●分離(ぶんり) 분리

K가 시키는 대로, 나는 술과 안주를 가득 사들고 나왔습니다. 그런데…

사왔어 K! 내 취향 위주로 골라왔는데 괜찮지?

오잉? K녀석 어디 갔지? 그리고 왠 쪽지만 덩그러니…

회사에서 상황 역전되었으니 빨리 복귀하라고 연락와서 부득이하게 인사도 못 하고 먼저 갑니다.

술이랑 안주는 혼자서 다~~~~드세요!

아, 포상금은 당신 후손한테 전달하도록 하겠습니다. 그럼 빠이!

으아아아악!! K 이 자식!! 마지막까지 이러기냐?!!

이제 진짜로 끝!

맛, 하면 이런 형용사들

おいしい
맛있다

この辺(あた)りにおいしいラーメン屋(や)はありませんか？

이 근처에 맛있는 라멘집 없나요?

甘(あま)い
달다

甘(あま)いものを食(た)べると心(こころ)が落(お)ちつきます。

단 음식을 먹으면 마음이 안정돼요.

しょっぱい
짜다

この味噌汁(みそしる)ちょっとしょっぱいね。

이 된장국은 좀 짜네.

辛(から)い
맵다

辛(から)いものは苦手(にがて)ですが、これぐらいだったら食(た)べられます。

매운 음식은 싫어하지만, 이 정도라면 먹을 수 있어요.

堅(かた)い
단단하다, 딱딱하다

家(うち)のおばあちゃんは歯(は)が悪(わる)いから堅(かた)いものが食(た)べられません。

우리 할머니는 이가 안 좋아서 딱딱한 것을 못 드세요.

酸(す)っぱい
시다

レモンが酸(す)っぱいのは当(あ)たり前(まえ)ですよね。

레몬이 신 건 당연하지요.

強(つよ)い
강하다

さぬきうどんはコシが強(つよ)くておいしいです。

사누키 우동은 면발에 탄력이 있어서 맛있어요. *コシが強(つよ)い 탄력이 있다

ほろ苦(にが)い
쌉싸름하다

私(わたし)、ほろ苦(にが)いチョコレートが好(す)きなんだ。

나는 쌉싸름한 초콜릿을 좋아해.

濃厚(のうこう)
농후함, 진함

しぼりたての牛乳(ぎゅうにゅう)は濃厚(のうこう)でおいしいです。

막 짜낸 우유는 진하고 맛있어요.

まろやか
부드러움, 순함

シチューに牛乳(ぎゅうにゅう)を入(い)れたら、味(あじ)がまろやかになりました。

스튜에 우유를 넣었더니 맛이 부드러워졌어요.

いい
좋다

この店はいい肉を使ってるからおいしいです。
이 가게는 좋은 고기를 쓰고 있어서 맛있어요.

濃い
진하다

この食堂は濃い味付けの料理が多いですね。
이 식당은 간이 강한 요리가 많네요.

長い
길다

韓国風冷麺は長いから切って食べてください。
한국식 냉면은 면이 기니까 잘라서 먹으세요.

香ばしい
향기롭다

どこからかゴマの香ばしい香りがします。
어디선가 콩을 볶는 고소한 향이 나네요.

黒い
검다

このスパゲティはイカスミ入りだから黒いです。
이 스파게티는 오징어 먹물이 들어가서 까매요. *イカスミ 오징어 먹물

新しい
새롭다

シェフご自慢の新しいメニューが人気です。
셰프가 내세우는 새로운 메뉴가 인기예요.

安い
싸다

安くておいしいお店に行きましょう。
싸고 맛있는 가게로 가요.

贅沢
사치, 호화

このどんぶりは海の幸を贅沢に堪能できます。
이 덮밥은 해산물을 호사스럽게 만끽할 수 있어요.
*海(うみ)の幸(さち) 해산물 *堪能(たんのう) 충분함, 만족함

ひかえめ
적은 양

当店は健康のために、塩分をひかえめにしています。
우리 가게는 건강을 위해, 염분을 적게 하고 있어요.

絶妙
절묘함

ここでは本場のコーヒーの絶妙な味わいが楽しめます。
여기서는 본고장의 커피의 절묘한 맛을 즐길 수 있어요.

味
あじ

맛

これはまずいというか、味がしませんね。

이것은 맛없다라고 할까, 맛 자체가 없네요.

味わい
あじ

맛, 풍미

ここのコーヒーの深い味わいが忘れられません。

이곳 커피의 깊은 맛을 잊을 수가 없어요.

旬
しゅん

제철, 적기

今が旬のお魚は何ですか？

지금이 제철인 생선은 뭐예요?

丸ごと
まる

통째로

このパイ、りんごが丸ごと入っておいしい。

이 파이는 사과가 통째로 들어 있어 맛있어.

こだわり

구애됨

実は私、水にこだわりを持っているんです。

실은 저, 물에 집착을 하는 편이에요.

旨さ
うま

맛있음, 맛

この旨さは多分世界一だと思います。

이 맛은 아마도 세계최고라고 생각합니다.

旨み
うま

맛있음, 맛

賞味期限が過ぎたヨーグルトなのに、なぜか旨みが増したような気がする。

유통기한이 지난 요구르트인데, 왜인지 맛이 좋아진 듯한 기분이 든다.

食感
しょっかん

식감

納豆はその食感のせいで食べられません。

낫토는 그 식감 때문에 못 먹어요.

お好み
この

취향, 기호

パクチーはお好みで入れてください。

고수는 취향에 맞게 넣으세요.

やみつき

(나쁜) 버릇이 들어서
고치지 못함

ここのドーナツはやみつきになるほどおいしいです。

여기 도넛은 중독될 정도로 맛있어요.

めし

밥

仕事も終わったし、めし行きましょう。

일도 끝났으니, 밥 먹으러 갑시다.

野菜

야채

肉ばかり食べないで少しは野菜も食べなさい。

고기만 먹지 말고 야채도 조금 먹거라.

鶏肉

닭고기

私は鶏肉が食べられないので、牛肉でお願いします。

저는 닭고기는 못 먹으니까 소고기로 부탁드려요.

小豆

팥

かき氷の上に小豆をのせるのが韓国式です。

빙수 위에 팥을 올리는 게 한국식이에요.

具

내용물, 건더기

このお汁は具がたくさん入っていますね。

이 국은 건더기가 많이 들어 있네요.

お湯

따뜻한 물, 뜨거운 물

水ではなく、お湯をお願いします。

찬 물이 아니라, 따뜻한 물을 부탁드려요.

つゆ

국물

あの店のつけ麺はつゆがまずかったです。

저 가게의 츠케멘은 국물이 별로였어요.

大盛

곱빼기

あの、私大盛頼んでないんですが。

저기, 저 곱빼기 주문 안 했는데요.

定番

유행을 타지 않고, 늘
잘나가는 물건이나 음식

ラーメンの定番といえばやっぱり醤油ラーメンですね。

라멘의 정석은 역시 쇼유라멘이죠.

和風

일본식, 일본풍

大根おろしの載った和風ハンバーグが食べたいです。

무 간 것을 올린 일본식 햄버거 스테이크가 먹고 싶어요.

* **ハンバーグ** 햄버거 스테이크 (**ハンバーグステーキ**를 줄인 말)

식사, 하면 이런 동사들

噛む
씹다

ガムをずっと噛んでいると、あごが痛くなります。

껌을 계속 씹고 있었더니 턱이 아파요.

味わう
맛보다

おいしい韓国料理を味わってください。

맛있는 한국요리를 맛봐주세요.

渇く
목이 마르다

のどが渇いたので水を飲んできます。

목이 말라서 물을 마시고 올게요.

飲む
마시다

毎日牛乳を飲むと体にいいです。

매일 우유를 마시면 몸에 좋아요.

はがす
벗기다, 떼다

カップラーメンのふたをはがしてお湯を入れます。

컵라면의 뚜껑을 벗기고 뜨거운 물을 부어요.

食べきる
남김없이 다 먹다

これ、量が多すぎて食べきれない。

이건 양이 너무 많아서 다 먹을 수 없다.

温める
데우다

お弁当、温めましょうか？

이 도시락, 데울까요?

切る
자르다

ケーキを食べやすい大きさに切って食べてください。

케이크를 먹기 좋은 크기로 잘라 먹어요.

召し上がる
잡수시다

冷めないうちに召し上がってください。

식기 전에 드세요.

広がる
퍼지다, 번지다

食べると口いっぱいに甘さが広がります。

먹으면 입안 가득 단맛이 퍼져요.

조리, 하면 이런 동사들

焼く
굽다

ちゃんと焼いて食べないと食中毒になりますよ。

제대로 구워 먹지 않으면 식중독에 걸릴 거예요.

揚げる
튀기다

どんな食材でも、揚げたらだいたいおいしくなる。

어떠한 식재료도, 튀기면 대체로 맛있어진다.

のせる
위에 얹다

サラダの上に鳥のササミをのせてソースをかけたら出来上がりです。

샐러드 위에 닭가슴살을 얹어 소스를 뿌리면 완성돼요.

とろける
살살 녹다

食パンの上にとろけるチーズをのせて焼くとおいしいです。

식빵 위에 살살 녹는 치즈를 얹어 구우면 맛있어요.

割る
나누다, 쪼개다

卵を割って白身と黄身に分けてください。

계란을 쪼개 흰자와 노른자로 나눠주세요.

仕立てる
만들다, 짓다

これはフランス風に仕立てたじゃがいものソテーです。

이것은 프랑스풍으로 만든 감자소테예요.

振る
흔들다

ラーメンにコショーを振って食べるとおいしいです。

라면에 후추를 뿌려 먹으면 맛있어요.

溶かす
녹이다, 풀다

味噌汁を作る時、味噌をよく溶かしてください。

된장국을 만들 때, 된장을 잘 풀어주세요.

使う
사용하다, 쓰다

新鮮な野菜を使った料理はやっぱりおいしいです。

신선한 야채를 쓴 요리는 역시 맛있어요.

捨てる
버리다

残飯などの生ゴミはどうやって捨てたらいいですか。

먹다 남은 밥 등의 음식물 쓰레기는 어떻게 버리면 좋을까요?

*残飯(ざんぱん) 먹다 남은 밥

부록 1

군것질에 자주 등장하는 대화들

01 감자칩과 스낵과자들에 자주 등장하는 대화들

1 しあわせバター

A この濃厚な味がいいね。

B やっぱポテチがサイコー！

A 이 농후한 맛이 좋아.

B 역시 감자칩 최고!

● 最高(さいこう)＝サイコー 최고

2 わさビーフ

A わー、これ、わさび効いてるね〜。

B 私、わさびダメ〜。

A 와~ 이거 와사비 엄청나다.

B 나, 와사비 좀 그런데~.

● 効(き)く 듣다, 효과가 있다

● ダメ＝駄目(だめ) 안 됨

3 カラムーチョ

A これ、辛いけどおいしいよね。

B うん。この辛さが癖になるんだよね。

A 이거 맵긴 한데 맛있지?

B 응. 이 매운맛이 중독되게 한다니까.

● 辛(から)さ 매운맛

● 癖(くせ)になる 버릇이 되다, 중독이 되다

5 堅あげポテト

A このポテチ厚切（あつぎ）りタイプだね。
B うん。だから噛（か）めば噛（か）むほどおいしい。

A 이 감자칩 제법 두껍다.
B 응. 그래서 씹으면 씹을수록 맛있어.

● 厚切（あつぎ）り 두껍게 썲 ● 噛（か）めば噛（か）むほど 씹으면 씹을수록

6 えびせん

A ホント食（た）べだしたらとまんないよね。
B そう！気（き）がついたら一袋（ひとふくろ）空（あ）けちゃってたりするしね。

A 정말 먹기 시작하면 멈추지를 못하겠네.
B 맞아! 정신 차리고 보면 한 봉지 싹 비워져 있을 때도 있잖아.

● 食（た）べだす 먹기 시작하다

● 止（と）まらない＝止（と）まんない 멈추지 않다

● 気（き）が付（つ）く 정신을 차리다 　● 空（あ）ける 비우다

7 じゃがりこ

A じゃがりこのカリカリ感（かん）、サイコーだよね。
B うん。しかも、ポテチみたいに手（て）が汚（よご）れたりしないしね。

A 쟈가리코의 바삭바삭한 느낌, 정말 좋은데.
B 응. 게다가 감자칩처럼 손에 묻지도 않고 말야.

● カリカリ 아삭아삭, 딱딱한 물건을 깨물어 바스러뜨리는 소리

● 手（て）が汚（よご）れる 손이 더러워지다

부록1
01 감자칩과 스낵과자들에 자주 등장하는 대화들

---

8 うまい棒

A うまい棒^{ぼう}だ。何味^{なにあじ}好^すき？
B チーズもいいけど、コーンスープ味^{あじ}も捨^すてがたい。

A 우마이봉이다. 무슨 맛 좋아해?
B 치즈도 좋은데, 콘수프맛도 포기하기 힘들어.

● 捨(す)てる 버리다 + がたい ~하기 어렵다 = 捨(す)てがたい 버리기 어렵다

---

9 きなこもち

A 硬^{かた}いせんべいもいいけど、これもいいね。
B うん。ふわふわって口^{くち}の中^{なか}でとけるね。

A 딱딱한 센베이도 좋은데, 이것도 좋다.
B 응. 보들보들해서 입 안에서 녹는다.

● 硬(かた)い 딱딱하다
● ふわふわ 푹신푹신, 부드럽게 부푼 모양
● 溶(と)ける 녹다

---

10 ベジたべる

A お菓子^{かし}食^たべながら野菜^{やさい}もとれるっていいね。
B 美味^{おい}しさと健康^{けんこう}、一石二鳥^{いっせきにちょう}?!

A 과자 먹으면서 야채도 섭취할 수 있다니 좋은데.
B 맛과 건강, 일석이조네?!

● お菓子(かし) 과자   ● 取(と)る 취하다 → 取(と)れる 취할 수 있다
● 一石二鳥(いっせきにちょう) 일석이조

---

11 ビスコ

A 2才_{さい}のめいっこに買_かって帰_{かえ}ろうかな〜?
B 歯_はが生_はえたらOKらしいから、いいんじゃない?

A 두 살된 조카딸에게 사갈까?
B 이가 났으면 괜찮다고 하니까, 좋을 것 같은데?

● めいっこ 조카딸　● 歯(は)が生(は)える 이가 나다

12 おっとっと

A この間_{あいだ}、クリオネが出_でたよ。
B おー、レアじゃん。よかったね。

A 저번에 클리오네가 나왔어.
B 와, 그거 드문 일인데. 좋았겠다.

● クリオネ 홋카이도 연안에서 볼 수 있는 껍질 없는 조개의 일종

● レア(rare) 드문, 희귀한

13 駄菓子

A わー。駄菓子_{だがし}。昔_{むかし}よく買_かって食_たべてた。
B ホント、懐_{なつ}かしいね。

A 와~. 싸구려과자. 옛날에 자주 사먹었는데.
B 진짜, 옛날 생각난다.

● 駄菓子(だがし) 싸구려과자, 아이들용으로 만든 가격이 저렴한 과자
(일본에는 불량과자라는 느낌은 없음)

● 懐(なつ)かしい 그립다, 반갑다

1 きのこの山

A ねえ、きのこの山、一口^{やま}で食べる派^は?
B 私^{わたし}はチョコとクラッカー別々^{べつべつ}かな。

A 있지, 키노코노 야마 한입에 먹는 편이야?
B 난 초콜릿이랑 크래커를 따로따로 먹는 편이야.

● 一口(ひとくち) 한입　　● クラッカー 크래커
● 別々(べつべつ) 따로따로, 각각

2 たけのこの里

A ねえ、きのこたけのこ戦争^{せんそう し}知ってる?
B うん、たけのこの方^{ほう}が人気^{にんき}があるんだよね。

A 있지, 버섯죽순의 전쟁 알아?
B 응, 죽순 쪽이 인기가 있지.

● きのこたけのこ戦争(せんそう) 버섯죽순의 전쟁 (초콜릿 분리주의를 주장하는 きのこの山(버섯) 진영과, 초콜릿 혼합주의를 주장하는 たけのこの里(죽순) 진영이 상대편의 과자를 디스하며 다투기 시작한 것)

3 アルフォート ミニチョコレート

A チョコとビスケット、すごくマッチしてるよね〜。
B ほんと。それに、ちっちゃくって食^たべやすいしね。

A 초콜릿과 비스킷, 정말 잘 어울리는데~.
B 정말, 게다가, 작아서 먹기도 편하고 말야.

● マッチ 매치, 조화, 일치　● ちっちゃい 작다　● 食(た)べやすい 먹기 쉽다

4 ガルボ

A これ、手が汚れにくいんだって。
B パソコンしながらつまむのにピッタリだね。

A 이거, 손에 잘 안 묻는대.
B 컴퓨터 자판 치면서 집어 먹기 딱 좋다.

● 汚(よご)れにくい 더러워지기 어렵다
● つまむ 집다　　● ぴったり 꼭, 딱

5 Melty kiss

A 口の中で溶けてく感じ、この感じがいいよね。
B うん、オシャレな味だよね。

A 입안에서 녹아 드는 느낌, 이 느낌이 좋아.
B 응, 세련된 맛이야.

● 溶(と)ける 녹다　　● 感(かん)じ 느낌
● おしゃれ 세련됨, 멋있음

6 Melty kiss ラムレーズン

A ラムレーズン、洋酒が入ってるんだって。
B ワインと合うんじゃない？

A 럼레이즌, 양주가 들어 있대.
B 와인이랑 어울리겠는데?

● ラムレーズン 럼레이즌 (럼주+건포도)
● 合(あ)う 어울리다, 조화하다

7 小枝

A あ、小枝だ！私、昔っから好きなのよね〜。
B 私も。小袋タイプの買っても結局一気に食べちゃうんだよね。

A 아, 고에다다! 나, 옛날부터 좋아했는데.
B 나도. 낱개포장타입을 사도 결국 한 번에 다 먹어버린다니까.

● 小袋(こぶくろ) 작은 봉지 ● 結局(けっきょく) 결국
● 一気(いっき)に 단숨에

8 蒟蒻畑

A この弾力のある食感。たまらないよね。
B ほんと、美味しい上におなかまできれいにしてくれるしね。

A 이 쫄깃한 식감. 너무너무 좋아.
B 정말, 맛도 있으면서 장까지 깨끗하게 해주고 말야.

● 弾力(だんりょく) 탄력 ● たまらない 참을 수 없다, 견딜 수 없다
● 〜上(うえ)に ~인 데다가

9 コロロ ぶどう

A これ食べたことある？
B あるある。すごく不思議な食感だよね。

A 이거 먹어 본 적 있어?
B 있어, 있어. 정말 식감이 독특하더라.

● 〜たことがある ~한 적이 있다 ● 不思議(ふしぎ) 이상함

10 ポップキャンディ

A お母さん、ポップキャンディ買って。

B なにそれ？ あ〜、ペコちゃんのペロペロキャンディのことね。

A 엄마, 팝캔디 사 줘요.

B 그게 뭐야? 아, 페코짱의 쪽쪽 빨아먹는 캔디 말이구나.

● ペロペロ 할짝할짝

11 ハイチュウ

A ハイチュウといえば、やっぱ血液型のコマーシャルよね。

B そうそう、私Aだけど、あたってたもんね。

A 하이츄라고 하면, 역시 혈액형의 선전이지.

B 맞아, 맞아. 난 A형인데, 맞더라고.

● コマーシャル＝CM 선전　● 当(あ)たる 맞다, 당첨되다

12 さけるグミ

A ねえ、このCM知ってる？

B なんとなく。昼ドラばりにドロドロなんでしょ？

A 있지, 저 선전 알아?

B 대충 알아. 막장드라마 같은 거잖아?

● なんとなく 왠지 모르게, 아무 생각 없이

● 昼(ひる)ドラばりにドロドロ 막장드라마 (아줌마들이 보는 낮에 하는
일일 연속극 내용이 막장이라서)

1 生茶

A これ、飲む前に振ってくださいだって。
B 飲む前の一振が美味しさの決め手なんだね。

A 이거 마시기 전에 흔들어주래.
B 마시기 전에 한 번 흔들어주는 게 맛을 결정하는구나.

● 振(ふ)る 흔들다　● 一振(ひとふり) 한 번 흔듬, 한 번 휘두름
● 決(き)め手(て) 결정하는 사람, 방법, 수단, 근거

2 十六茶

A 私、糖尿の気があるって言われたの。
B じゃあ、食事中これ飲んだら? 血糖値下げるらしいよ。

A 나, 당뇨 기미가 있다고 하더라.
B 그럼, 밥 먹을 때 이거 마시면 어때? 혈당치를 낮춰준대.

● 糖尿(とうにょう) 당뇨　● 気(け)がある 기미가 있다
● 食事中(しょくじちゅう) 식사 중　● 血糖値(けっとうち) 혈당치

3 爽健美茶

A これ、くせがなくて飲みやすいよね。
B カフェインも入ってないしね。

A 이거 깔끔해서 마시기 좋다.
B 카페인도 안 들어가 있고 말야.

● くせがない 어떤 특유에 성질이 없이 깔끔한 모양

4 ウーロン茶

A やっぱ油_{あぶら}ものにはウーロン茶_{ちゃ}が合_あうね。
B 私_{わたし}は居酒屋_{いざかや}に行_いってもお酒_{さけ}飲_のめないからいつもウーロン茶_{ちゃ}。

A 역시 느끼한 거에는 우롱차가 어울리네.
B 나는 이자카야에 가도 술을 못 마셔서 항상 우롱차 마셔.

● **合(あ)う** 어울리다 ● **飲(の)める** 마실 수 있다 (**飲む**의 가능형)

5 午後の紅茶 ヘルシーミルクティー

A ミルクティーといえば、午後_{ごご}ティーか紅茶花伝_{こうちゃかでん}。
B 私_{わたし}はやっぱ午後_{ごご}ティー。

A 밀크티 하면 역시 오후의 홍차나 홍차화전이지.
B 나는 역시 오후의 홍차야.

● **紅茶花伝(こうちゃかでん)** 오후의 홍차에 버금가는 일본 코카콜라의 로얄 밀크티 상품명

6 おーいお茶

A これ、水_{みず}にでもよく溶_とけるんだって。
B じゃ、お湯_ゆ沸_わかさなくていいからいいね。

A 이거 물에도 잘 녹는대.
B 그럼, 물 안 끓여도 되니까 좋다.

● **溶(と)ける** 녹다

● **沸(わ)かす** 끓이다, 데우다

7 金の微糖

A これから残業^{ざんぎょう}なんだ。

B そっか。じゃ、これ、やるよ。夕方^{ゆうがた}のひと踏^ふん張^ばりに
金^{きん}の微糖^{びとう}。

A 지금부터 잔업해.

B 그래. 그럼 이거 줄게. 저녁에 조금만 더 힘을 낼 때는 금의 미당이지.

● 残業(ざんぎょう) 잔업

● ひと踏(ふ)ん張(ば)り 조금만 더 힘을 내는 것

8 ブレンディ カフェラトリー

A なんかいいことないかな〜?

B 探^{さが}しに行^いきますか? 気長^{きなが}に待^まちますか? それとも、カ
フェオーレでも飲^のんでみますか?

A 뭐 좋은 일 없을까?

B 찾으러 갈까요? 느긋하게 기다릴까요? 아니면 카페오레라도 마실까?

● 気長(きなが)に待(ま)つ 느긋하게 기다리다

9 おいしい牛乳

A これ、高^{たか}いのによく売^うれてるんでしょう?

B そう。うちの父^{とう}さんもこればっか。

A 이거 비싼 건데 잘 팔리지?

B 응. 우리 아빠도 이것만 마셔.

10　カフェオーレ

A　カフェオーレが飲(の)みたいの。
B　じゃ、白黒(しろくろ)つけないカフェオーレにする?!

A　카페오레가 먹고 싶다.
B　그럼, 우유도 커피도 아닌 중간쯤의 카페오레로 할까?!

● **白黒(しろくろ)つけないカフェオーレは '카フェオーレの歌(うた)**
카페오레의 노래'에 나오는 말로, 흰색(우유)도 검은색(커피)도 아닌 갈색
(카페오레)라는 의미.

11　マイルドいちごオーレ

A　この甘(あま)さ、癒(いや)される〜。
B　ホント生(い)きかえるよね。

A　이 달콤함, 힐링받는 느낌!
B　정말, 힘이 난다.

● **甘(あま)さ** 달콤함　　● **癒(いや)される** 치유받다, 힐링받다
● **生(い)き返(かえ)る** 되살아나다

12　調整豆乳

A　これは遺伝子組(いでんしく)み換(か)えでない大豆(だいず)だよね?
B　うん、これは大丈夫(だいじょうぶ)みたいだね。

A　이건 유전자 변형 안 한 대두라지?
B　응, 이건 괜찮은 것 같더라.

● **遺伝子(いでんし)組(く)み換(か)え** 유전자 변형, 유전자 조작, GMO

1 ポカリスエット ion water

A ポカリとどう違うの?
B ポカリより糖分半減だって。経口補水液よりは普段飲みできるって感じかな〜。

A (포카리 워터는) 포카리랑 어떻게 달라?
B 포카리보다 당분을 절감했대. 경구보수액보다는 평소에 마셔도 되는 느낌이네.

● ホカリ 포카리, 포카리 스웨트(포카리스에트)를 줄인 말
● 経口補水液(けいこうほすいえき) 경구보수액 (체내에서 빠져나간 수분이나 염분 등을 빠른 속도로 보충할 수 있는 성분의 음료)

2 三ツ矢ブランド グリーンレモン

A うわー、酸っぱい。
B ホント。口に入れた瞬間、酸っぱさが押し寄せてくる〜。

A 아, 시큼해.
B 정말이네. 입에 넣는 순간 신맛이 밀려온다.

● 酸(す)っぱい 시다, 시큼하다
● 押(お)し寄(よ)せる 몰려들다, 밀어닥치다

3 朝のフルーツこれ1本

A これ、いいね。私朝苦手で、食べられないから。
B 一日一個果物摂るといいって言うしね。

A 이거, 좋다. 나 아침이 약해서, 잘 못 먹으니까.
B 하루 과일 한 개는 섭취하면 좋다고 하고 말야.

● 苦手(にがて) 서투름　● 摂(と)る 섭취하다

A カルピス、家(いえ)で割(わ)って飲(の)む時(とき)、濃(こ)さがまちまちになっちゃう。

B その点(てん)、これだと美味(おい)しさ一定(いってい)だからいいよね。

A 카루피스 집에서 타 마실 때는 농도가 맨날 다르게 돼.

B 그런 점에서 보면, 이건 맛이 일정하니까 좋네.

● **まちまち** 각기 다름　　● **一定(いってい)** 일정

A なんか今日(きょう)疲(つか)れた～。

B じゃあ、リポD飲(の)んで元気出(げんきだ)そう！！

A 왠지 오늘 피곤하네.

B 그럼, 리포비탄D 마시고 힘내자!!

● **疲(つか)れる** 피곤하다

A 最近家(さいきんうち)の母(かあ)さん、疲(つか)れが溜(た)まってるみたいだから買(か)ってこう。

B 孝行娘(こうこうむすめ)だね～。私(わたし)も買(か)って帰(かえ)って点数稼(てんすうかせ)いで、おこづかいもらおうっかな～。

A 요즘 우리 엄마, 피로가 쌓인 것 같으니까 사 가야지.

B 효녀네. 나도 사 가서 점수 좀 따서 용돈이나 받아볼까?

● **疲(つか)れが溜(た)まる** 피로가 쌓이다　　● **孝行娘(こうこうむすめ)** 효녀

● **稼(かせ)ぐ** 돈벌이하다, 벌다　　● **お小遣(こづか)い** 용돈

05 아이스와 디저트들에 자주 등장하는 대화들

1 ガリガリ君

A これ、子供たち、好きだよね〜。。うちの甥っ子もよく
食べてるよ。

B 何言ってんの。あんただって好きなくせに…。

A 이거, 아이들이 좋아하는 거네. 우리 조카도 자주 먹더라구.
B 무슨 소리야. 너도 좋아하면서….

● 甥(おい)っ子(こ) 조카　● 〜くせに ~주제에, ~하면서도

2 チョコモナカ ジャンボ

A このモナカの中のチョコがおいしいよね。

B そう。私甘党だから、チョコのないモナカアイスじゃ
物足りない。

A 이 모나카 안의 초콜릿이 맛있다.
B 맞아. 나 단것을 좋아해서 초콜릿이 없는 모나카 아이스는 뭔가 부족하더라고

● 甘党(あまとう) 단것을 좋아하는 사람　● 物足(ものた)りない 어딘가 부족하다

3 雪見だいふく

A この求肥、柔らかくておいしい。

B 柔らかい求肥に包まれた冷たいアイスが口の中でとろ
けてく感じがいいよね。

A 이 규히, 부드럽고 맛있다.
B 부드러운 규히를 감싼 차가운 아이스크림이 입 안에서 녹는 느낌이 좋네.

● 求肥(ぎゅうひ) 규히 (찹쌀가루에 물엿, 설탕 등을 넣고 졸여 얇게 빚은 일본 과자)

4 焼プリン

A プリンといえば、プッチンプリンが有名だよね。
B うん。でも、結構甘いじゃん。この焼プリンもいいよ。

A 푸딩 하면 풋칭푸딩이 유명하지.
B 응. 근데 꽤 달잖아. 이 야키푸딩도 맛있어.

● プッチンプリン 풋칭푸딩 (유명한 푸딩 상품명)

5 コーヒーゼリー

A 私、コーヒーゼリー好き。
B 甘くなくて、大人のゼリーって感じがするよね。

A 나, 커피젤리 좋아해.
B 달지 않아서 어른 취향의 젤리란 느낌이 들긴 하지.

● 甘(あま)い 달다   ● 大人(おとな) 어른

6 とろける杏仁豆腐

A 食後のデザートは、フルーツポンチ派? 杏仁豆腐派?
B 私はもち、杏仁豆腐。特にバイキングの〆はこれが
　　最高。

A 식후 디저트는 과일 화채파야? 행인두부파야?
B 나는 떡, 행인두부파. 특히 뷔페의 마지막 입가심은 행인두부가 최고지.

● フルーツポンチ(Fruit Punch) 후루츠 펀치, 과일 화채
● 〆(締め、しめ、シメ) 이것저것 먹은 후 마지막으로 먹는 음식, 마무리

1 チキンラーメン

A お湯かけるだけでいいからスープ代わりにもいいよね。
B 袋タイプだったら、卵ポケットついてるから、卵落としてお湯かけたらさらにおいしいよ。

A 따뜻한 물만 부어도 되니까 수프 대신에도 좋네.
B 팩 타입이면 달걀이 주머니에 달려 있으니까, 달걀을 넣어 물을 부으면 더욱더 맛있어.

● 落(お)とす 떨어뜨리다 　 ● さらに 더욱더

2 どん兵衛 きつねうどん

A どん兵衛おいしいよね～。
B きつねうどんもいいけど、天ぷらそばもおいしいよ。

A 돈베 맛있지?
B 키츠네 우동도 맛있는데, 튀김소바도 맛있어.

3 UFO

A 焼きそば、時々無性に食べたくなるときがある。
B うちもUFOは必ず常備してるよ。

A 가끔씩 야키소바가 갑자기 먹고 싶어질 때가 있어.
B 우리도 UFO는 꼭 준비해두지.

● 無性(むしょう)に食(た)べたくなる 갑자기 먹고 싶어지다

● 常備(じょうび)する 상비하다, 늘 준비해두다

4 五目いなり＆柚子れんこん

A おいなりさんだ。柚子（ゆず）れんこんだって。
B ほんとだ。両方（りょうほう）買（か）って半分（はんぶん）こする?

A 유부초밥이다. 유자 연근 삼각김밥이래.
B 정말이다. 둘 다 사서 절반씩 먹을까?

● **柚子（ゆず）** 유자　● **れんこん** 연근
● **半分（はんぶん）こする** 반띵하다, 반으로 나누다

5 たまごサラダロール＆たっぷり焼きそばロール

A 惣菜（そうざい）パンの定番（ていばん）は焼（や）きそばパンだよね。
B 小腹（こばら）が空（す）いた時（とき）にちょうどいいよね。

A 밥 대용으로 먹을 수 있는 빵 하면 역시 야키소바빵이지.
B 출출할 때 딱 좋지.

● **惣菜（そうざい）パン** 빵에 따로 조리한 재료를 얹거나 빵 사이에 끼운 빵,
　주로 밥 대신에 식사 대용으로 먹을 수 있는 빵
● **定番（ていばん）** 유행을 타지 않고 늘 잘 팔리는 상품
● **小腹（こばら）が空（す）く** 조금 배가 고프게 되다

6 ハムカツサンド

A ソースがカツに染（し）みてて美味（おい）しいよね。
B そうそう、このソースが決（き）め手（て）だよね。

A 소스가 햄카츠에 스며들어 맛있다.
B 그러게. 이 소스가 맛을 결정짓는 포인트네.

1 アサヒスーパードライ

A これ話題(わだい)のやつだよね。飲(の)んだことある？

B ううん、まだ。飲(の)んでみよっか？

A 이거 화제의 그거네. 마셔 본 적 있어?
B 아니, 아직. 마셔 볼까?

● 話題(わだい) 화제

2 金麦

A 私最近(わたしさいきん)こればっか飲(の)んでる。

B 金麦(きんむぎ)？おいしいよね。

A 나 요즘 이것만 마셔.
B 킨무기? 맛있지.

3 サントリーハイボール

A やっぱハイボールといえば角(かく)だよね。

B だよね。

A 역시 하이볼이라 하면 카쿠지.
B 맞아.

4 トリス レモンハイ

A これ、飲(の)みやすいね。
B ほんと。食事(しょくじ)にも合(あ)うしね。

A 이거, 술술 넘어가네.
B 정말. 밥에도 어울리고.

● 合(あ)う 맞다

5 ほろよい

A 私(わたし)の友達(ともだち)、ほろよいで酔(よ)っちゃうんだって。
B マジ？その子(こ)よっぽどお酒(さけ)に弱(よわ)いんだね。

A 내 친구, 호로요이 마시고 취한대.
B 진짜? 그애 어지간히 술이 약한가 보네.

● 酔(よ)う 술에 취하다

6 贅沢搾り

A これ、お酒(さけ)なのにどんどん行(い)けちゃうね。
B そう油断(ゆだん)して飲(の)みすぎるとお家(うち)に帰(かえ)れなくなるよ。

A 이거, 술인데 쭉쭉 들어가네.
B 그렇게 방심하고 마시면 집에 못 들어갈걸.

7 柿の種

A ねぇ、ピーナッツばっか食べないでよ。一緒に食べるのがおいしいじゃん。

B 私は別々に食べる派なんだ。

A 야, 땅콩만 먹지 마. 같이 먹는 게 맛있잖아.

B 나는 따로따로 먹는 쪽이야.

8 ハッピーターン

A これ、昔からあるよね。子どもの頃よく食べてた。

B 口に広がるあまじょっぱさがおいしいんだよね。

A 이거, 옛날부터 있던 거지. 어릴 때 자주 먹었는데.

B 입안에 감도는 단짠맛이 일품이지.

9 ハリッピー

A 私これ、いつも常備してるんだ。

B ビールのおつまみに最適だよね。

A 나는 이거 항상 쌓아 두고 먹어.

B 맥주 안주로 딱이지.

● **最適(さいてき)** 최적

10　CRATZ

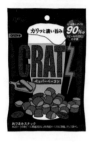

A　CRATZ、なに<ruby>味<rt>あじ</rt></ruby>にする？
B　なに<ruby>味<rt>あじ</rt></ruby>とかじゃなくて、<ruby>全種類<rt>ぜんしゅるい</rt></ruby><ruby>大人<rt>おとな</rt></ruby><ruby>買<rt>が</rt></ruby>いだよ!

A　CRATZ, 무슨 맛으로 할래?
B　무슨 맛이라니, 모든 종류 통째로 다 살거야!

● <ruby>大人買<rt>おとなが</rt></ruby>い 경제적 여유가 생긴 어른이 어린이 취향의 상품을
　통째로 사들이는 것

11　<ruby>鮭<rt></rt></ruby>とば&チーズ<ruby>鱈<rt></rt></ruby>

A　<ruby>好<rt>す</rt></ruby>きなおつまみってある？
B　チーズ<ruby>鱈<rt>たら</rt></ruby>! <ruby>子<rt>こ</rt></ruby>どもの<ruby>頃<rt>ころ</rt></ruby>お<ruby>父<rt>とう</rt></ruby>さんの<ruby>隣<rt>となり</rt></ruby>でよく<ruby>食<rt>た</rt></ruby>べてたよ。

A　좋아하는 마른안주 있어?
B　치즈대구포! 어릴 적 아빠 옆에서 자주 먹었었거든.

12　<ruby>酢<rt></rt></ruby>いか&するめ

A　<ruby>酢<rt>す</rt></ruby>いかにする？それともするめにする？
B　どっちでもいいから、<ruby>好<rt>す</rt></ruby>きなの<ruby>買<rt>か</rt></ruby>って。

A　초오징어로 할래? 아니면 건오징어로 할래?
B　어느 쪽이든 좋으니, 너가 좋아하는 걸로 사.

부록 2

만화
일본어
버전

買い食い 01
ポテトチップスとスナック菓子

(1) 気が付けば日本に来ていました。

(2) ここが日本か…

(3) 会社をクビになり、現実逃避としてここまで来てしまいました。

(4) うん、むしろチャンスかも。ここでゆっくりリフレッシュしながら…

(5) いや、ていうか私って…

(6) 私って日本語できないよね！

(7) ひ、ひらがなはなんとか読めるけど！

(1) 정신을 차려보니 일본에 와 있었습니다. (2) 여기가 일본…
(3) 다니던 회사에서 잘리고, 현실에서 도망치듯 여기까지 오고 말았지요.
(4) 그래, 오히려 기회일 수도 있어. 여기서 편히 쉬면서 재충전도 하고… (5) 잠깐만, 근데 나…
(6) 나 일본어 못 하잖아!! (7) 히, 히라가는 읽을 줄 안다구!

(8) 이럴 수가… 급하게 나온다고 가이드북 하나 안 챙겨왔는데… (9) 이럴 줄 알았으면 제2외국어를 일본어로 할 걸…
(10) 일단… 편의점에 가서 뭐 먹을 것 좀 골라봐야겠어… (11) 뭣이라? 글자도 못 읽는 놈이 우릴 사겠다고라?
(12) 너 정말 간땡이가 부었구나! (13) 스… 스미마셍! (14) 과자들이 나에게 말을 거는 것 같았어!

(15) 제…제길! 과자들이 대체 뭐라고 한 거야?　(16) 일본어를 모르니 도통 알 수가 없어!
(17) 물론, 봉지의 영어나 그림으로도 뜻을 유추할 수는 있어, 하지만…　(18) 일본에 온 이상 내가 원하는 걸 정확하게 알고 먹고 싶다고!!
(19) 응? 근데 아까부터 내 캐리어 위에 있는 저건 뭐지?　(20) 뭐야 이 책은!!
(21) 수상한 책을 손에 넣었다!!

(22) 일본어를 군것질로 배워? 그게 가능해? 어디 뭐라고 적혀 있는지 좀 보자… (23) 가…가능하다!
(24) 이 책만 있으면 과자들 말도 이해하고 취향에 맞는 과자를 고를 수도 있겠어!!
(25) 그 뿐만 아니야… 이 책만 있으면 세계 정복도 할 수 있겠어!! (26) 그건 아니고 배 고픈데 어서 과자 고르러 가야겠다!! (27) 고마워 책아!
(28) 책의 정체는 과연 무엇인가? 그 전에 저렇게 던지는 게 옳은 것인가?

To Be Continued...

(29) スナックコーナーに
ざっと目を通してみました。

(30) ふむ…

(31) 考えろ、考えるんだ…

さっきの怪しい本の
おかげで日本語の意味は
わかった。

これからはスナックを
選ぶのみ…

さぁ、
私が欲しいモノは何だ？

(32) ここにある全てのスナックを
食べることは不可能だ。
選択せねばならない。
今すぐ！

頭脳フル回転！

(33) 10分後…

ありがとう
ございました！

(34) 結局パッケージに「おいしい」と
書かれたのを全部買っちゃった。
「おいしい」だから
おいしいはず！

(35) ふふふ…

(36) 「うまい」と書かれたモノは
スルーしてて良かったです…

(29) 스낵코너를 대략 다 훑어보았습니다. (30) 흠… (31) 생각해라 생각… 아까 그 수상한 책 덕분에 일본어 뜻은 알게 되었어.
이제 어떤 스낵을 고를지만 정하면 된다… 자… 내가 진정 원한 건 무엇이었지? (32) 여기에 있는 스낵을 다 먹을 수는 없어. 나는 선택을 해
야 해. 지금 당장!!! (33) 10분 후… (34) 결국 패키지에 오이시이라 적힌 것들을 싹쓸이했네. 오이시이니까 맛있겠지? (35) 후후후
(36) 우마이라고 적힌 것까진 안 골라서 다행입니다…

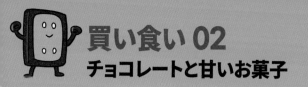

買い食い 02
チョコレートと甘いお菓子

(1) 저기, 시간 좀 있니? (2) 헷 누구… (3) 나 말이야, 무슨 맛일 것 같아? (4) 나는? 나는?
(5) 빨리 좀 맞춰봐! (6) 이거 놔~! (7) 무…무시무시한 꿈을 꾸고 말았다… (8) 일본어 공부 좀 해야겠어…

(9) 마침 일본에 친구가 살아서 만나게 되었습니다. (10) 얼마 만에 해보는 대화다운 대화 줄 몰래! (11) 지 혼자 떠들어놓고…
(12) 그래서 네 얘기를 정리하자면… 무작정 일본에 왔는데, 우연히 어떤 책을 주웠다? (13) 응. 군것질로 일본어를 배우는 책이었어!
(14) 근데 그 좋은 책을 과자 챕터만 읽고는 제자리에 놔두고 그냥 와버렸다?? (15) 응. 점유이탈물 횡령죄 몰라?
(16) 그렇다고 달랑 챕터 하나 보고 그냥 왔다고? (17) 히익! (18) 일본어 못한다며? 가서 더 읽고 와! 그리고 맛있는 거 사와!

(19) 서둘러 어제 그 자리에 다시 가봤습니다. (20) 더 빨리 뛰어감 (21) 바로 저 건물 앞에 놔뒀어!
(22) 이 책이구나! 다행히 누가 가져가진 않았어! (23) 응? 뭔가 인기척이… (24) 누, 누가 우릴 지켜보고 있어?
(25) 게다가 어디서 많이 본 듯한 얼굴이야! (26) 친구야! 일단 건물 안으로 들어가자! (27) 응? 왜? 무슨 일 있어?

(28) 저 사람은 대체 누군데 우릴 지켜보던 걸까? (29) 누가 본다고 그래? 그나저나 여기서 뭘 살 거야?? (30) 맞아! 여기는…
(31) 편의점이었지‼ (32) 아까 밥을 먹었으니 엄밀히 따지면 배가 고프지는 않아… 하지만 이럴 때를 대비해서 달달한 과자 하나쯤은 내 몸도
원하고 있을 터… (33) 앗‼ (34) 그래! 달달한 걸로 딱 하나만 사야겠어! (35) 저기… 누가 보고 있다며? 그건 괜찮은 거지?

(36) 그 날… 나는 평소보다 더 오랫동안 과자를 고르고 또 골랐습니다. (37) 아~ 오늘은 달달한 걸 딱 하나씩 샀네! 다 이 책 덕분이야!
(38) '딱 하나'가 아니고 '딱 하나씩'이었구만… (39) 젤리 (40) 캔디 (41) 초콜릿 (42) 캐러멜 (43) 헉! 당신은 아까… (44) 저, 저기…
(45) 당신이 그 책… 주인이신가요? (46) 앗, 저… 그게… (47) 책의 비밀을 쥔 듯한 검은 남자의 정체는 과연!!

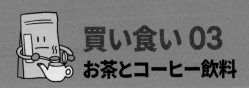

買い食い 03
お茶とコーヒー飲料

(1) 현실에 도피하듯 무작정 일본으로 여행 온 나… (2) 우연히 거리에서 수상한 책을 발견하게 되고…
(3) 책에 깃든 저주를 알게 된 내 친구 미설이는… (4) 밀실된 방에서 살해당한다! (5) 과연 범인은 누구인가!?
(6) 무슨 소리야! 나 안 죽었어!!

(7) 편의점 앞에서 만난 수수께끼의 남자를 따라 근처 카페에 들어간 우리… (8) 더우니까 이거 벗고 이야기할게요.
(9) 헉!! (10) 지금부터 제가 하는 이야기를 잘 들으셔야 합니다… (11) 저는 이 책으로부터 당신을 구하기 위해 미래에서 온…
(12) 비밀요원 K라고 해요! (13) 저기… 누구 닮으신 것 같은데… (14) 혹시 K가 아니라 C… 아닌가요?
(15) 누군가와 너무 비슷한 외모 때문에, 미래에서 왔다는 설정이 묻히고 말았다!

(16) 저기요! 과거에 저랑 닮은 사람이 있었다는 건 저도 알아요! (17) 하지만 지금은 그게 중요한 게 아니라구요!
(18) 저기… 나비넥타이는 왜 안 하고 왔니? (19) 손목시계 나 주라! (20) 마…말을 안 듣는군… (21) 역시 말로 해서는 안 되겠군요…
(22) 미리 사과 드립니다. (23) 운동화! 운동화에 손이 갔어! (24) 운동화로 직접 공격? (25) 진실은 언제나 한 방! (26) 크헉!

(27) はじめはちょっと痛いですよ！

훅!

(28) え！腕時計を使うんじゃなかったの？

(29) 申し訳ない。この方法しかありませんでした。

(30) だめだ…頭がぼーっとする…どうすればいい？

(31) そうだ！この本を持ってコンビニへ行く！そしてコーヒーをたくさん飲むんだ！

(32) ええ？

일본어를 군것질로 익혔습니다만?

(33) 判断力が落ちてる状態である

(34) ちょ…ちょっと!!行っちゃだめだ！

(35) いざコンビニへ！

(36) はたしてコーヒーを飲んで解決する問題なのだろうか!?

(27) 처음에는 좀 따가울 거예요! (28) 헉! 손목시계 쓰는 거 아니었어? (29) 죄송해요. 이 방법밖에 없었어요.
(30) 안 돼… 조금씩 정신이 몽롱해지고 있어… 어쩌면 좋지?
(31) 그래! 이 책을 가지고 편의점에 가야겠어! 그리고 커피를 왕창 사 마시는 거야! (32) 어어?
(33) 판단력이 흐려진 상태임 (34) 자… 잠깐! 가면 안 돼요! (35) 편의점으로!! (36) 과연 커피를 마신다고 될 문제인개?

(37) 그래… 커피랑 에너지 드링크 등 이정도 마시면 괜찮을 거야… (38) 어서 오세요~ (39) 합쳐서 1034엔입니다.
(40) 혹! 돈이 모자르잖아! 잠깐만 기다려주세요! (41) 10엔… 20엔… 안 돼… 더 이상 버틸 수가 없어…
(42) 5분 후… (43) 드디어 찾았군. (44) 쿨… (45) 책을 노리는 또 다른 존재! 과연 그의 정체는??

買い食い 04

ミネラルウォーターとフルーツジュース、野菜ジュース

일본어 버전

(1) いらっしゃいませ。お一人様ですか？

(2) はい。ひとりです。

(3) ロースカツ定食お願いします。

(4) はい。かしこまりました。

(5) これはご飯が進む味ね…

(6) うん？待って…

(7) なんで私日本語が上手なの？

(8) これってまさか…

(9) ねぇ！しっかりして!!

(1) 어서 오세요. 한 분이신가요? (2) 네, 한 명이요. (3) 등심돈까스정식 주세요. (4) 네, 알겠습니다. (5) 이건 밥이 잘 넘어가는 맛이네…
(6) 응? 잠깐만… (7) 왜 나 일본어를 잘하지? (8) 이건 설마… (9) 얘! 정신차례!

(10) 일어났구나! 다행이에! (11) 헉! (12) 내 책! 내 책은? (13) 아무래도 그 쪽이 잠든 사이에 누가 가져간 듯…
(14) 주운 책이라며… (15) 하…일본어를 제대로 배울 수 있는 기회였는데… (16) 저기…실은요…
(17) 아까 당신의 책을 제가 미리 준비한 가짜랑 바꿔치기 해놨지요! (18) 헉! 언제 그런 짓을!!

(19) 책을 안 뺏긴 건 좋은데, 덕분에 뭔가 일이 꼬여가는 것 같으니, 차근차근 설명 좀 하시죠? (20) K의 무기들
(21) 이, 이제서야… (22) 당신이 가진 그 책은, 제가 사는 24세기에선 세상의 평화와 균형을 유지해주는 중요한 책이에요.
(23) 그런데 어느 날, 이 책을 노리는 무리들에 의해 신전이 습격을 당하고… (24) 위험을 감지한 우리는 적들이 책을 찾을 수 없도록 21세기의
랜덤한 장소로 책을 보낸 겁니다. (25) 최초발견자인 당신이 책을 다 읽어야 이 사태가 마무리돼요! (26) 그걸 나보고 믿으라고?! 앙?
(27) 정말이에요! 책이 놈들의 손에 넘어가면 24세기는 끝입니다! (28) 분명 가짜 책이라는 걸 눈치채고 다시 우리를 찾을 거예요!

(29) 한 가지 다행인 건, 24세기 사람들은 책을 안 읽다보니 독해속도가 많이 느리다는 거예요… (30) 당신들한테는 유리한 상황인 거죠…
(31) 뭐? 우리가 책을 안 읽는다고?? (32) 작년엔 무려 5페이지나 읽었다고! (33) 헉! 언급하자마자!!
(34) 이봐요! 그 책을 가지고 지금 당장 편의점으로 가서 다음 챕터를 마스터하세요! (35) 너, 너는 어쩌고?
(36) 나는 여기서 이 녀석을 막고 있겠어! (37) 나, 나도 막아야 해? (38) 그래! 알았어! (39) 과연 K는 수상한 남자를 막을 수 있을 것인가?!

(40) K의 말대로 챕터4를 독파하고 나왔습니다. (41) 이번에도 많은 공부가 되었어… (42) 응? (43) 헉! 아까는 갖은 폼을 다 잡더니!!
(44) 음료수 몇 개 사는데 뭔 시간이 이리 오래 걸리나? (45) 자, 그 책을 어서 내놓으시죠. (46) 24세기 후손들 문제를 21세기 조상님께서 참
견하시면 안 되잖아요? (47) 어, 어쩌지… (48) 무서운 아저씨 앞에서 겁먹는 나! 과연 지구의 미래는?

買い食い 05
アイスとデザート

(1) 23XX年、秘密情報局

(2) K、局長が呼んでるってよ。速く行ってみな。

(3) 聞いた？ Kが任務を受けて21世紀に行くんだって。そんなに人手が足りないのかな？

(4) ていうか Kってやつ 誰かと似てない？ 誰だっけ あいつ…

(5) 久々の任務！！今までオレを散々なめてた奴ら覚えてろよ…

(6) 必ずギャフンと言わせてやる…

(1) 23XX년, 비밀정보국 (2) K, 국장님이 찾으시던데? 어서 가봐.
(3) 들었어? K가 임무를 맡게 되어서 21세기로 간대. 보낼 요원이 그렇게도 없나? (4) 그나저나 K 저 친구 누구랑 닮지 않았니? 그 있잖아…
(5) 간만의 임무! 그 동안 나를 깔보던 녀석들, 두고 봐라… (6) 코를 아주 납작하게 만들어 주겠어…

(7) 다시 현재… (8) 스미마셍! 스미마셍! (9) 궁지에 몰리니 일본어가 나오고 있어… (10) 이봐요! 독서 엄청 느린 아저씨!
(11) 누가 독서가 느려! 동기들 중에서는 내가 제일 빨라! (12) 이따이요! (13) 이 책, 아저씨한테 넘길게요. (14) 그러니 K랑 내 친구 미설이
는 풀어주세요. (15) 뭐, 뭐라고? (16) 그래, 진작 그렇게 나왔어야지. 후후. (17) 안 돼! 책을 넘기면 안 돼!

(18) 結局悪いおじさんに本を渡してしまいました。 (19) 책을 넘기면 어떡해요! 이젠 가망이 없어! 우린 이제 망했다고요!
(20) 가망이 없는 게 아니야. 이게 바로 최종단계야… (21) 뭔 소리야! (22) 그나저나 배고프지 않아? 뭐 좀 먹으러 가자…
(23) 아, 네… (24) 저기… 친구분 뭔가 수상해요. 갑자기 왜 저러지? (25) 그러게… 하지만 일단 밥을 사줄 것 같으니 따라가자.

(26) 셋이서 라멘을 맛있게 먹고 나왔습니다. (27) 아~ 잘 먹었다!! (28) 아, 자…잘 먹었습니다. (29) 자, 밥도 맛있게 먹었겠다. 이제 뭐 땡기는
거 없어? (30) 글쎄…짭잘한 걸 먹었더니 다음엔 시원하고 달달한 게 먹고 싶어지긴 하는데… (31) 그래! 디저트 먹어야지!!
(32) 실은 아까 책 읽는 김에 디저트 챕터도 읽어버렸거든! (33) 정말? 그렇다면 책이 없이도 이번 챕터를 넘길 수 있겠네요!
(34) 오케이! 그럼 이번에는 내가 사겠어! (35) 그럼 디저트류에 쓰이는 일본어를 알아봅시다!!

(36) 仲良くデザートを買って食べながらコンビニを後にしました。

(37) あの、もしかしてこの次のチャプターも読みました？

(38) 次のチャプター？今回が終わりじゃなかったの？

(39) ちがう!! もう一チャプター残ってる!!

(40) えぇ！知らなかった！デザートを扱うから最後だと思ってた！…てかなんでタメ語？

(41) うむ… ではいずれにせよその本を取り返すべきですね

(42) でもどうやって？あのおじさんがどこにいるかも知らないのに？

(43) ひとつだけ方法があります…

(44) おじさんも見つけて本も取り返す唯一の方法が！

(45) 次のチャプターが最後ですよ！

(36) 사이좋게 디저트를 사 먹으며 편의점을 나왔습니다. (37) 근데 말이에요. 혹시 이 다음 챕터 내용도 읽으셨나요?
(38) 다음 챕터? 이번이 끝 아니었어? (39) 아니야! 한 챕터 더 남아 있다고!! (40) 헉! 몰랐어! 난 디저트를 다루길래 끝인 줄 알았지! …근데 왜 반말?? (41) 음… 그럼 어쨌거나 그 책을 다시 되돌려 받아야겠네요. (42) 하지만 어떻게? 그 아저씨가 어디에 있는 줄 알고?
(43) 딱 한 가지 방법이 있지요… (44) 아저씨도 찾고 책도 되돌려 받을 유일한 방법이!! (45) 다음 챕터가 마지막이에요!!

일본어 버전

(1) 夜が遅かったので、明日また集合する ことにしてホテルに戻りました。

(2) 今日も たくさんの出来事があったな！ 日本語もたくさん学んだし！

(3) ところでさ。 私がこの本を読み切ったら 世界を救うことになるじゃない。 そうなったら私になんかないの？

(4) もちろんありますよ。 世界を救ったことを認められ うちの政府から とてつもない額の褒賞金が 支給されると思います。

(5) 思いもかけず引っかかったこと だけど…悪くないわね。ふふっ、 褒賞金はいくら程出るのかな？ ウォンで出るかな？ドルで出るかな？ 今為替レートはどうなんだろ？ ふふふ…うん？

(6) ちょっと!! あんた、いつから そこにいるのよ!?

(7) あの… 活動費が 切れちゃって… お邪魔します。

---

(1) 밤이 늦어 내일 다시 모이기로 하고 숙소로 돌아왔습니다. (2) 오늘도 참 많은 일이 있었네! 일본어도 많이 배우고!
(3) 근데 말야. 내가 이 책을 다 읽으면 내가 세상을 구하는 거잖아. 그럼 나한테 뭐 떨어지는 건 없니?
(4) 당연히 있죠. 세상을 구한 공을 인정받아, 우리 정부에서 어마어마한 포상금이 지급될 겁니다.
(5) 의도치 않게 걸려든 일이지만 뭐… 나쁘지 않은 걸? 후훗, 포상금은 얼마나 나올까? 원으로 나올까? 달러로 나올까? 지금 환율이 어떻게
되더라… 후후훗… 응?? (6) 잠깬! 너 언제부터 거기 있었어?! (7) 저… 활동비가 떨어져서요… 신세 좀 지겠습니다.

(8) 次の朝…

(9) お腹すいた… なんか食べちゃ だめ？

(10) 私も…

(11) だめです。 最後のチャプターの為に 我慢です。

(12) しかし ここにいれば 本当にあのおじさんを 探せるの？

(13) 信じてください！ 必ず現れます！

(14) はっ！ 本当におじさんが 現れた‼

(15) そう、 言ったでしょ？

(16) しかし、昨日と なんか感じが違うね。 何かに 困ったような…

(17) ついて 行きましょう！

(8) 다음 날 아침… (9) 배고프다… 우리 뭐 먹으면 안 될까? (10) 나도… (11) 안 됩니다. 마지막 챕터를 위해 참아야 해요.
(12) 근데 여기 있으면 진짜로 그 아저씨를 찾을 수 있는 거니? (13) 절 믿으세요. 분명히 나타날 겁니다.
(14) 헉! 진짜로 아저씨가 나타났어! (15) 봐요. 제 말이 맞죠? (16) 근데, 어제랑 느낌이 좀 다르네, 뭔가 곤란한 상황에 처한 듯한…
(17) 어서 따라가 봅시다!

(18) 이 카드는 사용하실 수 없습니다. (19) 이상하네… (20) 책의 효력을 발휘하려면, 책을 읽고 해당 음식을 사야 하지. 하지만 결제가 안 돼서 음식을 못 산다면? (21) 너, 너는?!! (22) 아저씨, 어디서 많이 봤다 했더니… 나랑 같은 소속이었을 줄이야. (23) 헐! 그럼 조직 내부에 적이 있었다는 뜻? (24) 그래서 본부에 연락해서 결제 수단을 다 막아버렸지. 21세기는 돈 없으면 아무것도 못 해! (25) 으윽!!

(26) 흠… 이거 일이 더럽게 꼬여버렸군. 사실 본사에서 널 여기로 보낸 것도 모양새만 갖추기 위해서였는데… 너가 가장 실력이 떨어지니깐…
(27) 뭐, 뭐라고?? (28) 더 이상은 못 참아! 이건 나의 몫! (29) 크헥! (30) 잘한다!! (31) 이건 나의 몫! (32) 지금이야! 이 책을 어서 챙겨!
(33) 알았어! (34) 드디어 마지막 챕터다! 어서 일본어도 마스터하고 세상도 구하겠어! (35) 다음은 부러진 대걸레의 몫!
(36) 대걸레는 네가…

(37) 그렇게 하여, 나는 어쩌다가 미래의 지구를 구하게 되었습니다. (38) 덤으로 일본어도 마스터하게 되었구요.
(39) 누나들 덕분에 세상을 구할 수 있었어요. 감사합니다. (40) 우리도 즐거웠에! 근데 저기… 포상금은?
(41) 아! 포상금이요? (42) 제가 사무실에 들어가서 바로 품의진행 할 건데, 익월 말 결제니까 23XX년 X월에 입금될 거예요!!
(43) 뭐?? 23XX년??? (44) 야 이놈아! 300년을 어떻게 기다려?! 가, 가지 마! (45) 안녕~ (46) 끝!

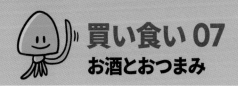

(1) それからX年後…

(2) またも来ることになった

(3) ここ日本に…

(4) 前回ここに来たときは日本語ができず苦労したよね…

(5) でも今は違う！日本語なんて朝飯前よ！

(6) ちょ、ちょっと待って…

(7) 朝飯前だったっけ？だ…だよね？

(8) よく考えたらそれほどではなかった…

(1) 그로부터 X년 후… (2) 또다시 오게 되었구나. (3) 여기 일본에… (4) 지난번에 이 곳에 왔을 땐 일본어를 못해서 고생 좀 했었지…
(5) 하지만 이젠 달라! 일본어 따위는 식은 죽 먹기임! (6) 자, 잠깐… (7) 식은 죽 먹기 맞던가? 맞… 맞겠지?
(8) 곰곰이 생각해보니 그 정도까지는 아니었다…

(9)
そうよ！まだ朝飯前ではない！
でも私が食べたいお菓子や食べ物くらいは
普通に買えるようになったのよ！

(10) 考えてみたら私がここまでなれたのは…
あのとき未来から来たあいつの
おかげだったよね。
名前がなんだっけ…Kだったっけ？

ピッ！

(11)
そう、丁度あそこに座っている
汚いちびっ子ホームレスみたいな顔の
やつだったわ…

おかね
ください

(12) …うん？

(13) 何!? あなた本物のKだよね？
どうしてあなたがここに!?

(14)
あっ、久しぶり…

(9) 음… 그래! 아직 잘하지는 못해! 하지만 내가 원하는 과자나 음식 정도는 아무 어려움 없이 살 수 있게 되었다고!!
(10) 생각해보니 내가 이렇게 된 건… 그때 미래에서 온 그 친구 덕이긴 하지. 이름이 뭐였더라… K였던가?
(11) 맞아, 딱 저기 앉아있는 지저분한 꼬마 노숙자처럼 생긴 친구였지… (12) …응?
(13) 뭐야!? 너 진짜 K잖아?? 너가 왜 여기에 있어?! (14) 앗 오랜만…

(15) 一旦会えて嬉しいよK！
でもどんなことがあってここに来ているのか
気になるから、今すぐ理由を説明して！

(16) はい…
今言おうとしてました…

(17) この前会社の組織
再編があったけど
ラインを間違えて
しまいまして
それで…

(18) 組織内の反対勢力に
粛清される直前
辛うじて過去に逃げて
きたんです。

(19) 会社が粛清まで…24世紀は
いったいどんな世界なんだよ…

(20) そうだ。
実はあなたにあげようと
持ってきたものがあるけど…

(21) まさか！
あのとき受け取れなかった
私の褒賞金？

(22) あ、そうだ！
褒賞金も持ってくるべきだった。
ごめん！

(23) この野郎！
まずそれを準備するべきだろ！

(15) 일단은 반가워 K! 근데 무슨 일땜에 여기에 와있는지 궁금하니깐 빨리 이유부터 말해!! (16) 네… 안 그래도 지금 말하려구요…
(17) 얼마 전 회사 조직개편이 있었는데 라인을 잘 못 탔어요. 그래서… (18) 조직 내 반대세력에게 숙청되기 직전에 겨우 과거로 도망 온 거예
요. (19) 뭔 놈의 회사가 숙청까지… 24세기는 대체 어떤 세상이길래… (20) 아 맞다. 안 그래도 당신께 주려고 챙겨온 게 있는데…
(21) 설마! 그 때 못받은 내 포상금?? (22) 아 맞다! 포상금도 챙겼어야 했는데 깜빡했다. 미안! (23) 이 자식아! 그걸 가장 먼저 챙겼어야지!!

(24) それは
『日本語を買い食いで学びましたが？』
の改訂版です！

(25) か…改訂版！(確かに出る
タイミングではあるな…)

(26) というわけで実はお願いがあります。
この改訂版ではコンビニで買えるお酒と
おつまみ類の内容が追加されたので…
この本を読んで私のお酒とおつまみを
買ってきてください！

(27) なんだよ…結局は
お使いのつもりだったのかよ…

(28) 私の事情も理解してください。
今すごくお酒が飲みたいのに、
私の外見が小学生(21世紀基準)なので…
私の力ではお酒が買えないのです。

(29) うむ…話を聞いたら
少し可哀想ではあるな…

(30) わかった！これが本当の最後よ！
また挑戦してみる！

(31) 本当、本当に最後です！

(24) 바로『일본어를 군것질로 배웠습니다만?』의 개정판이에요! (25) 개… 개정판!(하긴 나올 때 되긴 했지…) (26) 실은 그래서 부탁이 있어요. 이 개정판에는 편의점에서 살 수 있는 술과 마른안주류에 대한 내용이 추가되었으니… 이 책을 보고 제가 마실 술이랑 안주 좀 사와주세요! (27) 뭐야… 결국 나한테 심부름 시킬 속셈이었구만… (28) 제 사정도 이해해주세요… 지금 술이 너무 당기는데, 제 외모가 초딩 외모(21세기 기준)라서… 내 힘으론 도저히 술을 살 수가 없거든요. (29) 음… 얘기를 듣자하니 좀 딱하긴 하네… (30) 그래! 이번이 진짜 마지막이야! 다시 도전해보겠어! (31) 진짜, 진짜로 마지막입니다!!

(32) K가 시키는 대로, 나는 술과 안주를 가득 사들고 나왔습니다. 그런데… (33) 사왔어 K! 내 취향 위주로 골라왔는데 괜찮지?
(34) 오잉? K녀석 어디 갔지? 그리고 웬 쪽지만 덩그러니… (35) 회사에서 상황 역전되었으니 빨리 복귀하라고 연락와서 부득이하게 인사도
못하고 먼저 갑니다. 술이랑 안주는 혼자서 다~ 드세요! 아, 포상금은 당신 후손한테 전달하도록 하겠습니다. 그럼 빠이~
(36) 으아아앸! K 이 자식‼ 마지막까지 이러기냐?! (37) 이제 진짜로 끝‼

일본어를 군것질로?

1쇄 발행 2024년 5월 1일

글, 그림 김수민
감수 오쿠무라 유지
펴낸이 임형경
펴낸곳 라즈베리
마케팅 김민석
디자인 제이로드
편집 임단비, 이수연, 구라모토 타에코
등록 제2014-33호
주소 (우 01364) 서울 도봉구 해등로 286-5, 101-905
대표전화 02-955-2165
팩스 0504-088-9913
홈페이지 www.raspberrybooks.co.kr
블로그 http://blog.naver.com/e_raspberry

ISBN 979-11-87152-39-2 (13730)

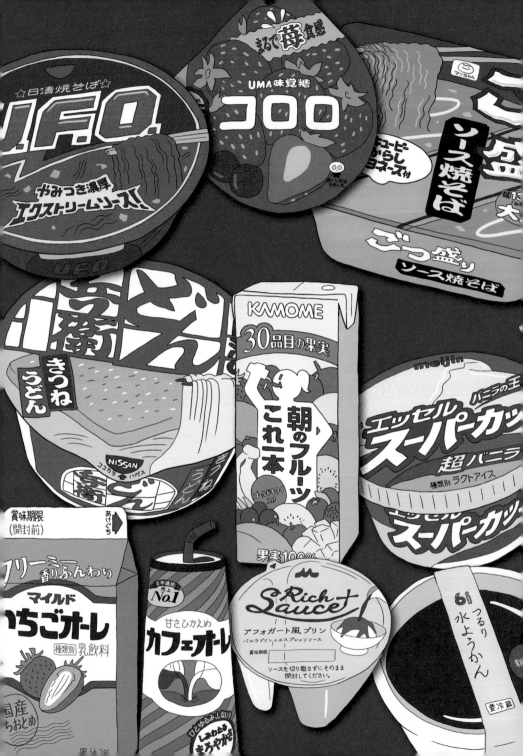